神武天皇実在論

林房雄 著

宮崎正弘 解説

ハート出版

まえがき

『古事記』も『日本書紀』も、西暦八世紀に編纂(へんさん)された新しい歴史の書である。これを狭義の神話としてあつかい、とくに神代の部を、作り話・虚構として一挙に否定してしまうことは一種の暴挙であり、きわめて非学問的な態度だと私は考える。それ以前に約十万年と言われる日本人の長い生活と文化があった。

すでに、『記紀』より数世紀前に、シナでは司馬遷(しばせん)の『史記』が書かれ、ギリシャではホーマーの『イリアッド』、『オデッセイ』が、ユダヤでは、『旧約聖書』が書かれていた。その他、今は消滅し去った、または未解読の古代諸民族の史書は二、三にとどまらぬ。『史記』の三皇五帝や夏(か)・殷(いん)・周(しゅう)王朝の実在を否定し、ホーマーの叙事詩や『旧約聖書』の記述を作り話として無視することは、十九世紀以来の世界的流行であったが、日本では、この否定的実証主義の流行は敗戦を機として一般化し、特殊な政治的潮流と手をにぎって、『古事記』も『日本書紀』も読むに値しない作り話として洗い流してしまった。

考古学書は読むが、『古事記』は読まぬ学生や知識階級が大量に生産された。彼らは『記紀』の神代編はもちろん、崇神(すじん)天皇または応神(おうじん)天皇以前の天皇の存在は、考古学と戦後史学によって決定的に否定されたと無邪気に信じこんでいる。しかし、学問の道は遠く、そして深い。まだまだ、神武天皇をふくむ九代の天皇は実在しなかったとか、神武即崇神天皇説、天照大神即卑弥呼説、騎馬民族征服説などは、多くの仮説と推測の中の一つにすぎず、これを軽率に信じることは、自ら学問の扉を閉ざして、偏狭な政治的イデオロギーの囚人となることを意味する。

考古学は史学の敵ではない。ホーマーの叙事詩を信じることによって、トロイの遺跡が発見され、殷墟の発掘によって『史記』の真実性が逆証明され、『旧約聖書』の記述が考古学と手を結ぶことによって、多くの古代文明の実在を実証しつつあることは、人の知るとおりである。

くり返すが、『古事記』も『日本書紀』も歴史の書である。すべての民族の古代史が神々と切りはなせないのと同じく、日本古代史でも多くの神々が活躍する。日本の神々の人間くささは、ギリシャ神話や北欧神話以上とさえ言える。この意味で、日本古代史もまた神々の物語であると同時に、人間の歴史である。

神武天皇の実在は、目下のところ『記紀』の記述のほかには実証の根拠はない。陵墓は存在するが、果たして神武天皇陵であるかどうかは疑問視されている。しかし、神武非実在論者の列挙する否定資料にくらべれば、実在説の肯定資料のほうがより多いのである。考古学と史学の今後の発展とともに、肯定の資料はさらに増加するであろう。

本文の中でもことわってあるとおり、この本は専門外の一素人の冒険である。それを私にあえてさせたのは、戦後の祖国意識破壊の風潮、おのれの生まれし国を恥じる「病症」への憂いと怒りであった。しかし、けっして根拠のない思いつき論ではない。私にできるかぎりの勉強もし、また専門の学者諸氏の研究の成果を尊重することにも、心を用いたつもりである。だが、すでに老齢、私の体力と学力には限度がある。この学問的冒険の志を正しく理解して、あとを継ぐ若き学徒諸君の出現を切に望む。

昭和四十六年十一月二十日

林　房雄

まえがき／1

はじめに――真の歴史と神話の復権／8

縄文時代にはじまる天皇の系譜――8
神武天皇は架空の存在か――13

第一章　古代における民族の移動／16

古代アンデスへの探検旅行――16
歴史も考古学も、民族と祖国への愛情によって支えられる――18
日本人とインディオは兄弟――21

第二章　日本民族の起源／27

日本民族は何者なのか――27
戦後の日本民族論の傾向――30
歴史と考古学を混同するな――32

第三章　『富士古文書』とその記録者徐福の使命／37

謎を秘める『富士古文書』との出会い――37
秦の始皇帝の雄図――43
徐福の目標は中南米大陸なのか――46
徐福神武天皇説――48
富士高原における徐福一行――50

第四章　『富士古文書』の語るもの／54
アジア大陸の時代――54
高天原（富士高原）天神七代の時代――59
地神時代のアマテラスとスサノオ――63
外敵来襲とニニギノミコト――65
海幸山幸物語と九州遷都――69
ウガヤ朝の重要事件――73
神武天皇、ナガスネビコの乱を平定す――75
天孫族は、いつ渡来したのか――76

第五章　『上記』の編纂史と古代文字／79
古代の秘密を語る『上記』――79
平田篤胤の古代文字存在論――82
「神武」以前に、七十数代の天皇がいた――85
古代文字の発生とインカの結縄――89

第六章　日本の古代を語る『上記』／94
大分市に現存の『上記』原本――94
『上記』の描く古代世界――103

第七章　両古文書の否定者は、だれか／119
『上記』の意義――119
『神皇紀』の反響――121

「原典批判」の功罪――124
なぜ、偽書説が発生したのか――127

第八章　「津田学派」に対する津田博士の反論／132
戦後派史家たちの誤解――132
誤解の一例としての神武天皇非実在論――135
津田博士の怒りと反論――137

第九章　神武実在説の復活／145
過去からのメッセージとしての歴史――145
神武実在論者たちの主張――147
神武紀元の合理的な推定――151
一つの私見――154

第十章　天孫族と出雲族／158
民族とは何か――158
天孫民族も出雲民族も存在しなかった――163
梅原猛氏の新研究――166
梅原氏の大仮説――169

第十一章　古代の外寇と内乱／172
『徐福記』の保存史――172
両古文書と現代考古学――178

オオクニヌシの国譲りと外寇——182

第十二章　神武東征／186
ナガスネビコとニギハヤヒ——186
「偽書」復活の必要——189
神武東征は古代の大乱であった——191
神武天皇の橿原即位——193

第十三章　縄文農耕論／196
一つの仮説——196
考古学的散歩旅行——197
一つの逆推理——203

終章　天皇論／205
田中忠雄教授の天皇肯定説——205
道統の「嫡々相承」——210
「白鳥の歌」——213
天皇という大きな謎——217
終わりの詩——220

参考文献／225

解説　宮崎正弘／228

はじめに――真の歴史と神話の復権

縄文時代にはじまる天皇の系譜

ある晴れた夏の夜、私は二人の男女の大学生と箱根仙石原の別荘の露台で、火星をながめながら涼んでいた。今年は火星が地球に接近した年だそうで、金星よりも光度の強い真赤な星が、台ガ岳と呼ばれる塊状火山の上に、ここ半月あまり毎晩輝きつづけている。満月には遠い月がはるか西の山の端にかかっているが、この月面のどこかでは、アポロ飛行士たちがまだ滞在して活動しつづけているころだった。

「箱根山はいつごろできたのでしょうね」

男子の学生がたずねた。私は答えた。

「さあ、いろいろと説がある。今の神奈川県の土地が生まれたのは約一億年ほど前で、約百万年ほど前までは、箱根や丹沢山系のほかは海の底だった。地球が氷河期にはいった四十万年ほど前から、海面が低下して、離れ小島だった三浦半島の山々は陸続きになった。その後、箱根は火山活動をはじめて、一部は陥没し、外輪山が成立した。十万年前ごろに秦野盆地が誕生、つづいて箱根最後の火山活動によって、現在の駒ガ岳や大涌谷（おおわくだに）の神山（かみやま）が生まれたそうだ」

「いやに詳しいですね」

「大涌谷や強羅（ごうら）公園に行ってみろよ。ちゃんと立札に書いてある。大涌谷の爆発のころ、早川の上流がせきとめられて芦ノ湖ができた。そして、約二万年前、最後の氷河期が来て、東京湾も干上がるほどに海岸が遠くなった。そのころに富士山の連続爆発がおこり、周辺一帯に火山灰を降らせ、これが有名な関東ローム層と呼ばれる赤土になった。――この赤土の中から戦後になって旧石器が発見されて大問題になった」

「なぜ旧石器が問題なんですか」

女子学生が代わって答えてくれた。

「戦前には、日本には旧石器時代はなかったと言われ、縄文時代の新石器人から日本人の先史時代が始まったと思われていたのよ」

「よくわからんなあ。先生、もっと説明してください」

「僕のも案内記の受売りだよ。――箱根に人間が住むようになったのは、縄文時代以前の旧石器と無土器時代で、芦ノ湖畔から旧石器がいろいろ出ているそうだ。この仙石原に人間が定着したのは弥生時代にはいってからで、静岡の登呂（とろ）遺跡などに代表される弥生式文化が箱根を越えて東に進んだのは、今から約二千年ほど前だという」

「何か証拠があるのですか」

「地質学者、生物学者、人類学者など、自然科学系の学者たちが、いろいろと苦労して作りあげた仮説、つまり推定だから、素人の僕が口をさしはさむ余地はない。ただ、先日、散歩のついでに、芦ノ湖畔の箱根関所址（あと）付属の『資料館』を見に行ったら、約五千年前だという縄文土器とならんで、推定二億年前の鮫類の歯の化石というのが陳列してあった。どちらも箱根山の周辺から発掘されたものだという。この年代推定が正しいとすれば、少なくとも二億年ほど前までは、ここらは海底で、太古の鮫が泳いでいたわけだ」

「どうして鮫の歯が山の中から出るのですか」

「地球の冷却と収縮のせいよ」と女子学生が答えてくれた。「海底が盛り上がって山になったので、海底地層の中の鮫の歯が山の上で化石した。地球が生まれたのは約四十億年前。それが次第に冷却して、海や山ができ、生物生存の可能性が生じたのは約二十億年前よ。最古の化石は約五億年前のカンブリア紀から出はじめ、怪獣映画に出るような古代の大爬虫類は約二億三千万年前ごろで、人類の祖先らしい猿類や類人猿が現われたのはずっと下って約三千万年前」

「いやに断定するね。それも仮説、すなわち推定だろう」

「もちろんよ。仮説なしには科学なしと言われているじゃないの。苦心して仮説を立て、それによって真理にアプローチする。仮説に反する新事実が出るまでは、仮説が定説と呼ばれるのよ」

女子学生はつづけた。なかなか勉強しているらしい。

「類人猿から人類が分岐するまでには、約二十万年ぐらいかかっている。猿類が樹上生活から地上に降り、直立して歩き、脳髄も発達して、道具をつくり、初歩の狩猟や採集生活にはいったのが、やっと百万年から五十万年ぐらい前で、これがヨーロッパではネアンデルタール人、アジアでは北京（ペキン）原人、ジャワ原人、日本では明石（あかし）原人などの時代よ。新石器時代と呼ばれる現代は、どこの国でも一万二千年か一万年ぐらいの期間しか、持っていません」

「へえ、新石器時代が現代かい？」

「そうよ。地球発生の四十億年を人間発生の百万年にくらべれば、一万年なんか、一枚の紙よりも薄いじゃないの。いま、あの月に行っているアポロ飛行士が持って帰る月の石も何十億年前の石でしょう。おどろくことないわ」

「おれの研究はアダム・スミス以前にはさかのぼらない。月の石とは関係ないさ。おれは人間の経済史に対象を限定するよ」

「……一人の人間、一つの事件、一つの歴史的過程についての総合のほとんどは、その四分の三が推測なのである」

「なんだ、そりゃあ」

「イギリスの学者の言葉よ。四分の一の事実に四分の三の推測を加えて仮説を立てる。それが自然科学と人文科学の現段階なんでしょう。学者はつねに謙遜で、懐疑に懐疑を重ねて、慎重に仮説を立てるのよ。……先生はクラークとピゴット教授共著の『先史時代の社会』はお読みになったかしら?」

「ああ、最近日本語訳が出たね。やっと読み終えたばかりだよ。君の引用した言葉は序文の中にあったね。……僕は四十億年前には興味はないが、日本の新石器時代、つまり約一万二千年前の縄文時代から始めて、神武天皇の実在を証明しようという大計画を持っているのでね」

男子学生が笑った。

「空想科学小説ですか」

「いや、歴史のつもりだ」

「おどろいたな。日本の歴史なら二千年ぐらいなもんじゃないのですか」

「そこが問題なんだよ。戦後の歴史家の大部分はそう主張しているが、僕は少なくとも、五千年ぐらいの歴史があると思うようになった。『古事記』より古いと言われる記録も読んだので、日本の先史時代に熱中——と言っては大げさだが、とにかく先史学的立場から、神武天皇実在論を書きたくなった。専門の歴史家からは白い目で見られそうだが、こっちは大学教授になる野心はないから、気が楽だ。素人にだけできる冒険だよ」

「おどろいたなあ、まったく」

娘の恭子(きょうこ)がビールとつまみ物を運んで来た。月はかくれてしまったが、火星は台ガ岳の頂上あたりで、ますます赤く輝いている。

神武天皇は架空の存在か

ビールを二杯ほどあけてから、私は男子学生にたずねてみた。

「君は神武天皇を知っているね」

相手は唇の泡をふいて、

「知っています。……と言っても、実は名まえだけです。経済史とは関係ないし、それに神武天皇は神話的存在で、実在の人物ではないんでしょう」

「では、日本武尊(やまとたけるのみこと)は?」

「もちろん知りません。僕たちは最近の教科書の神話復活以前の学生ですから、小学校でも中学校でも神話的なものは全然教えられなかったのです」

私は女子学生のほうを向き、

「君もそうかい?」

「ええ、あたし、大学で考古学の単位はとったけれど、それは神話とは無関係な学問ですから」

教科書にまったくなかったので知らないと言われては、怒るわけにはいかない。私は念のため、もういちど女子学生にたずねてみた。

「今の君は神話をどんなふうに定義するかね。考古学の立場からでもいいよ」

「要するに、古代人の幻想で、すなわち近代科学の反対物でしょう」

「おいおい」

そばから男子学生が冷やかした。

「君はもっと激しいことを言っていたじゃないか。『古事記』も『日本書紀』も、八世紀ごろに創作された大和（やまと）朝廷の自己擁護と合理化のための架空のお伽噺（とぎばなし）で、歴史の真実とはまったく関係ない、と……」

「そんなこと言ったかしら」

「とぼけるなよ。神話を現代的に解説すれば、虚構の幻想によって、現体制を肯定し擁護する歴史的イデオロギーのことだ、すなわち現代にも、たとえばナチスの理論のような邪悪な神話がある、と威張っていたじゃないか」

「忘れたわ。きっと誰かの説の受売りだったのよ」

「今はいくらか軟化しているのかい？」

「軟化というよりも忘却ね。一時は研究室に残り、人類学と考古学に基づく正しい日本の歴史を再構成したいなどと気負い立ったこともあったわ。ちょっと左がかった教授に扇動された形ね。でも、試験がすむと、みんな忘れてしまった。今はいい奥さんになろうと志しているだけ」

笑い声が起こり、ひとしきりビールがはずんだ。この無邪気な学生諸君は、明日、恭子と三人で山中湖に遊びに行くことになっている。

「先生、神武天皇実在論のことをもっと話してよ」

と女子学生は言ったが、

「とても二時間や三時間では講義できないね」と私は笑った。「君たちは『古事記』と『日本書紀』を神話だと思っているようだが、あれは八世紀に編纂された新しい歴史だよ」

「あら、『古事記』が新しいの」

「二千年や千二百年前なら、現代だとさっき君は言ったぜ。そのころのシナでは、司馬遷（前一三五～前九三ごろ）の『史記』をはじめ、多くの歴史が書かれていた。ひところひどく騒がれた『魏志倭人伝』（邪馬台国論争の原本）が書かれたのは紀元後三世紀ごろだよ。……そんな話から始めたら、せっかくの夏休みが終わってしまう。君たちはまあ、山中湖を楽しんで来いよ。……僕はあと半年ほどかけて、『記紀』（『古事記』と『日本書紀』）を体制擁護の架空の物語だと思いこませられている人々や、君たちのように神武天皇や日本武尊を教科書で教えられなかった諸君のために、〝『古事記』以前の日本古代史〟を書くことにする」

第一章　古代における民族の移動

古代アンデスへの探検旅行

もう十年以上も前の話になってしまったが、私は「東京大学アンデス地帯学術調査団」というかめしい名まえの探検隊に参加して、メキシコ、ペルー、ボリビアの古代遺跡を見物してまわったことがある。見物と書いたのは謙遜ではない。文化人類学の権威、故石田英一郎教授を団長に、地理学者矢沢大二教授を副団長にいただき、故泉靖一教授をはじめ、考古学、地質学、人類学、気象学、神話学などの新鋭の学者約十名が五台のジープをつらね、砂漠と高原の大旅行をつづけたのであるが、私はこれらの学問についてはまったくの門外漢であり、メキシコとペルーの古代についてはマヤ文明とインカ帝国という言葉だけを知っている程度の、およそ「学術調査」とは無関係な「招かれざる参加者」であったので、調査団にいろいろと迷惑をかけながら、ジープの隅に席を与えられて、理解も解釈もできぬ遺跡と遺物の数々を、ただ見物してまわったという意味である。

なぜ、自費参加という無理までして、五十五歳の老躯を砂漠の暑熱と高原の寒気にさらし、四ヵ月以上も苦労したのか、自分でもわからない。未知への憧れ、古代への郷愁とでも言っておこうか。短いながら、私自身の「文明からの脱出」を試みたのだと言ってもいい。

メキシコでも、ペルーでもボリビアでも、首都だけは「近代都市」の外観を持っているが、人口五万以上の都会は片手の指で数えるほどしかない。ジープが町をはなれると、たちまち広漠とした砂漠か、不毛の高原か、植物以外の生物を拒絶するジャングルであって、次の町らしいものに行きつくまでには、三百キロから五百キロは走りつづけねばならない。古代遺跡も同じくらいの距離をおいて散在している。メキシコのティオティワカン、ペルーのクスコとマチュ・ピッチュ、ボリビアのチワナコなど高名な大遺跡は、ある程度の復元が進められていたが、そのほかは崩壊した「土煉瓦」のみじめな小山にすぎない。

スペイン人の征服によって、マヤ文明、アステック文明、インカ文明の栄光は消え去り、遺跡のあいだに遺跡よりもみじめな、ほとんど原始に還元された原住民インディオの貧しすぎる生活が散見されるばかりである。これらインディオへの深い愛情に支えられ、その文化を再建しようとする、インディヘニスモ（インディオ民族主義）の旗は、まずメキシコの愛国者たちによって掲げられて、各国の首都の知識人と大学生の間には反響を呼びおこしていたが、私がまわったころのアンデス地帯の奥地まではまだ影響は及んでいないように見えた（キューバから始まる革命の波が中南米諸国にひろがり始めたのは、私たちが帰国した数年後である）。

調査団の諸君は調査と研究にいそがしかったが、手伝う能力もない私は、宿舎のベッドにころがって、アメリカの歴史家プレスコット（一七九六〜一八五九）の『メキシコ・ペルー征服史』から始めて、手にはいるかぎりの古代史と考古学文献を拾い読みし、読書に疲れれば博物館の陳列棚をのぞきに行き、夜の食卓で行なわれる団員諸君の討論に聞き耳を立てるという、泥縄式の「勉強」をするのが精一杯であった。

歴史も考古学も、民族と祖国への愛情によって支えられる

乱読と耳学問、それとアンデス地帯の自然と生活を目にはいるがままに系統もなく見物したことによって、私が得たものは何であったか。アンデス紀行を書くことが目的ではないから、ここでは、この本の趣旨と関係のありそうな事項だけを、二つ三つ書きとめておく。

まず、スペイン人三百年の征服によって、歴史と伝統の一切を破壊された中南米諸国においては、古代を発掘する考古学はすなわち歴史と伝統回復のための学問であり、考古学者はほとんど例外なく熱烈な愛国者であり、祖国復興のインディヘニスモの信奉者であるということ。

ペルー考古学の父と言われる故フーリオ・テーヨ博士を、わが調査団員は「ペルーの本居宣長」と呼んだが、現在活動している行動的で革命的、したがって反米的なテーヨの弟子たちは、「ペルーの平田篤胤学派」と呼んだほうが正しいかもしれぬ。調査団の中の最年少の人類学者

寺田和夫君は、テーヨについて次のように書いている。
「彼の教祖的な魅力はどこから出て来るのだろう。うむことのない学問的熱情、祖国愛。彼の考古学への情熱は、結局、インディオへの愛情に支えられていた。ペルーの過去の栄光をたたえることによって、ペルーはインディオの国であることを明確にし、インディオの文化に誇りをもち、人にももたせることが彼の仕事の根幹になっていた。ペルーが独自の文化をもつためには、インディオの文化を復活させなければならない、とこの熱烈なインディヘニスタ（インディオ民族主義者）は考えたのである。彼にきたえられ、有能な考古学者となった弟子たちは、ほとんどインディオであるのも当然かもしれない」（『アンデス教養旅行』）

私自身の経験としては、次のようなことがあった。

富士山よりも高く、高度では世界一の大湖・チチカカ湖畔の国境を越えて、ボリビア領にはいると、まもなく「太陽の門」で有名な世界最古の都市とも呼ばれるチワナコの大遺跡があった。ここでは、ボリビアの若い学者グループによる発掘が行なわれていた。隊員は十名たらず、隊長はポンセという名の精悍な顔つきの青年学者で、その夫人で政府の文化局長とかをつとめている美人もおり、アルゼンチンから来たという鬚の見事な若い考古学者もいた。もとは観光用のホテルであったが、今は廃屋同様の建物のロビーにカンバス・ベッドや寝袋をおいて寝泊まりしている。夜になると、零下七度から二十度までにさがる寒気の中で、暖房設備もなく発電装置もない。チワナコでは古代都市の廃墟の上に、さらに二つか三つの都市と神殿の遺跡が重なっているとのことで、その考古学的層位を確かめるために、彼らは若い熱情を傾けているようであった。

宿舎にはボリビア国旗とともに日章旗が掲げられていて、私たちは大歓迎をうけたが、ふと気がつくと、ポンセ隊長が腰にピストルをつけていた。猛獣もいない高原で、何のための武装かと首をかしげていると、日本隊員の一人が教えてくれた。ボリビアではつい最近、農民と鉱夫を組織した左派の革命が起こったが、ポンセ君は武装農民団の隊長であった。ポンセ夫人は革命政権の文化部長になり、ポンセ君は考古学者にかえってチワナコの発掘を指揮しているわけだが、反革命の危険は去らず、絶えず敵党に狙われているので、そのための武装だという。

「ペルーでもボリビアでも、考古学は政治とほとんど直結しています。学者たちはナショナリストで革命家で、その排外主義はとくにアメリカに向けられています。われわれ日本隊員の研究態度がアメリカ流に客観的すぎて、祖国愛を欠いていると、ポンセ君にくってかかられ、弁解に苦しみましたよ」

まさに維新前の平田学派である。私が帰国した後にも、ボリビアには何度か革命が起こっている。ポンセ君はそのたびにシャベルを捨て武器をとったことであろう。アルゼンチンやメキシコから来たというカストロ鬚の若い学者たちも、実はカストロやゲバラの秘密の同志であったかもしれない、とそんな空想もしてみたくなる。ポンセ夫妻は今も無事であろうか。

これも帰国後の感想であるが、たしかに日本の正統派考古学者たちは客観的で、左派の歴史家たちが考古学の成果を、日本の伝統と歴史の破壊のために勝手に利用するのを傍観しているように見える。考古学も歴史学もそれぞれの民族と祖国への愛情に支えられることなしには成立し得ない学問である。このような考え方は、戦後の日本では通用しにくいかもしれぬが、考古学すなわち国学であり、若い学者や芸術家のほとんどすべてが祖国復興の行動者・闘士であるというメキシコやペルーやボリビアの例があることを忘れてはなるまい。

日本人とインディオは兄弟

いま一つ書きとめておきたいことは、ボリビアの首都ラパスからアマゾン上流のジャングル地帯に赴(おもむ)くために、高度六千メートル以上のボリビア・アンデスの大山脈をガタガタの旅客機で飛び越えたときに、私の心にわいた感慨である。眼下のアンデス山の恐竜の肌にも似た断崖には、明らかな水成岩の地層が現われていた。地球の収縮、海底が盛り上がって六千メートル以上の山塊になったことの実証を、まざまざ見たわけだが、感慨というのはそのことではない。

メキシコ、ペルー、ボリビアの原住民――スペイン人の血のはいっていない純血のインディオの顔は、おどろくほど日本人に似ていた。これは戦争中にマレー半島、スマトラ、ジャワ、ボルネオなどを旅行したとき、オランダの血のまじらぬ原住マレー、インドネシア人について感じたのと同じである。朝鮮と蒙古に行ったときにも同様であった。私の父母や祖父母にそっくりの顔が到るところにあった。蒙古では私とあまり似すぎた顔の人物がいて、そのために私は兄弟の杯を交わさせられたほどであった。

日本人が朝鮮人とともにモンゴロイド（蒙古系種族）に属し、南はマレー人、インドネシア人、東は北南米大陸のインディアンと親類であることは本でも読み、人にも聞いて、私も知っていたが、その知識は現地を旅行して初めて実感となった。

もともとアジア大陸に住んでいたわれらの祖先のモンゴロイドが、最初の移動を開始して南下したのは、第四氷河期がまだ終わらないころ、約二万年前だろうと言われている。氷河期と言っても、地球の全部が氷におおわれていたわけではないから、アジア大陸では北極の氷原が拡大するにつれて、動物たちはその氷と寒気に追われて、南と東に逃げ散った。それを追って、狩猟民のモンゴロイドは移動した。

一隊はマレー半島を南下して、スマトラ、ジャワ、ボルネオ、フィリピン、台湾にまで達した。一隊は朝鮮半島を南下し、対馬、壱岐を経て日本列島に住みついた。実証はできないが、そのころの日本海はまだ内海で、朝鮮と日本とは陸つづきであったという説もあり、シベリアの沿海州あたりから、カラフト、北海道をたどって来た一群もあったらしいと言われている。

さらに第三のモンゴロイドはアリューシャン列島を渡って、アラスカから北米大陸に移動した。そのころのベーリング海峡には小川ほどの水しか流れていず、氷によって陸つづきになっていたかもしれない。マンモスやマストドンや野牛の祖先などの巨大な哺乳動物が、小獣どもを従えて氷のあいだに残った草原を求めつつ、アメリカ大陸を南へ南へと下って行った。そのあとに、石器の棍棒(こんぼう)や槍(やり)を持った原始の猟人たちがつづいた。

移動は一時に大量に行なわれたのではなかったようだ。アラスカの氷原に定着したのがエスキモー族となり、カナダの平原と山林に定着したのがカナダ・インディアン、野牛を追って北米大陸の南部と西部の大平原に定住したのが、いまだに西部劇の主人公として登場するアメリカン・インディアンである。

さらに第何次かの大部族がメキシコ高原とユカタン半島に達して、マヤからアステック帝国にいたる壮大で怪美な古代文明を生み出した。パナマ地峡を越えて南米アンデス地帯に分布した部族は、後にインカ帝国に統一された多彩なアンデス文明を創造した。南下はさらにつづき、チリ、アルゼンチンを経て南極に近いマゼラン海峡に達するまでには、三千年から五千年ぐらいかかったろうと想定されている。いずれにせよ、コロンブスが「発見」し、つづいてスペインの征服者たちがメキシコとインカの古文明と古文化を破壊しつくす十六世紀の初めまでは、南米大陸の王者はインディオ（インディアン）であった。

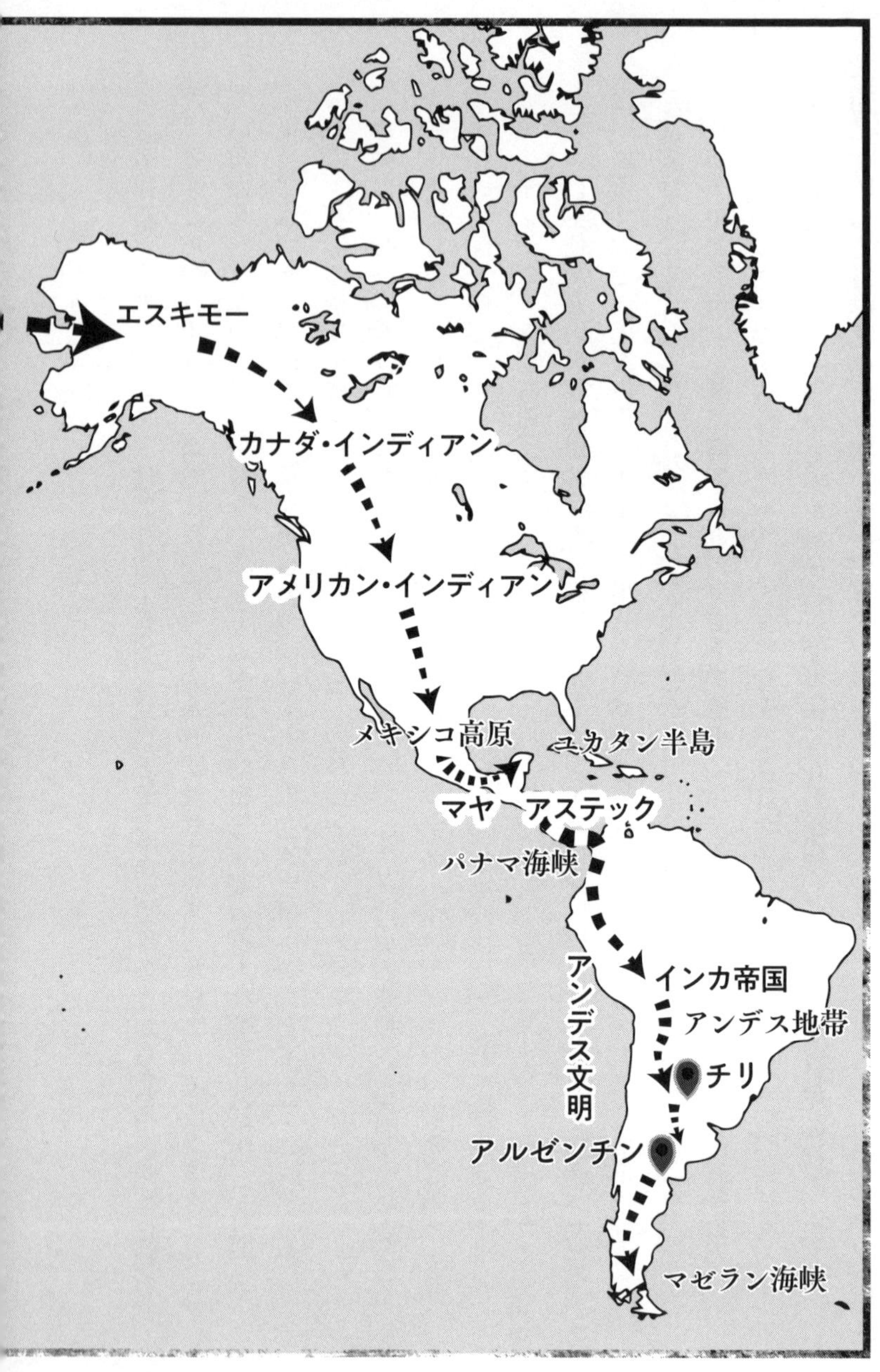
エスキモー
カナダ・インディアン
アメリカン・インディアン
メキシコ高原
ユカタン半島
マヤ
アステック
パナマ海峡
アンデス文明
インカ帝国
アンデス地帯
チリ
アルゼンチン
マゼラン海峡

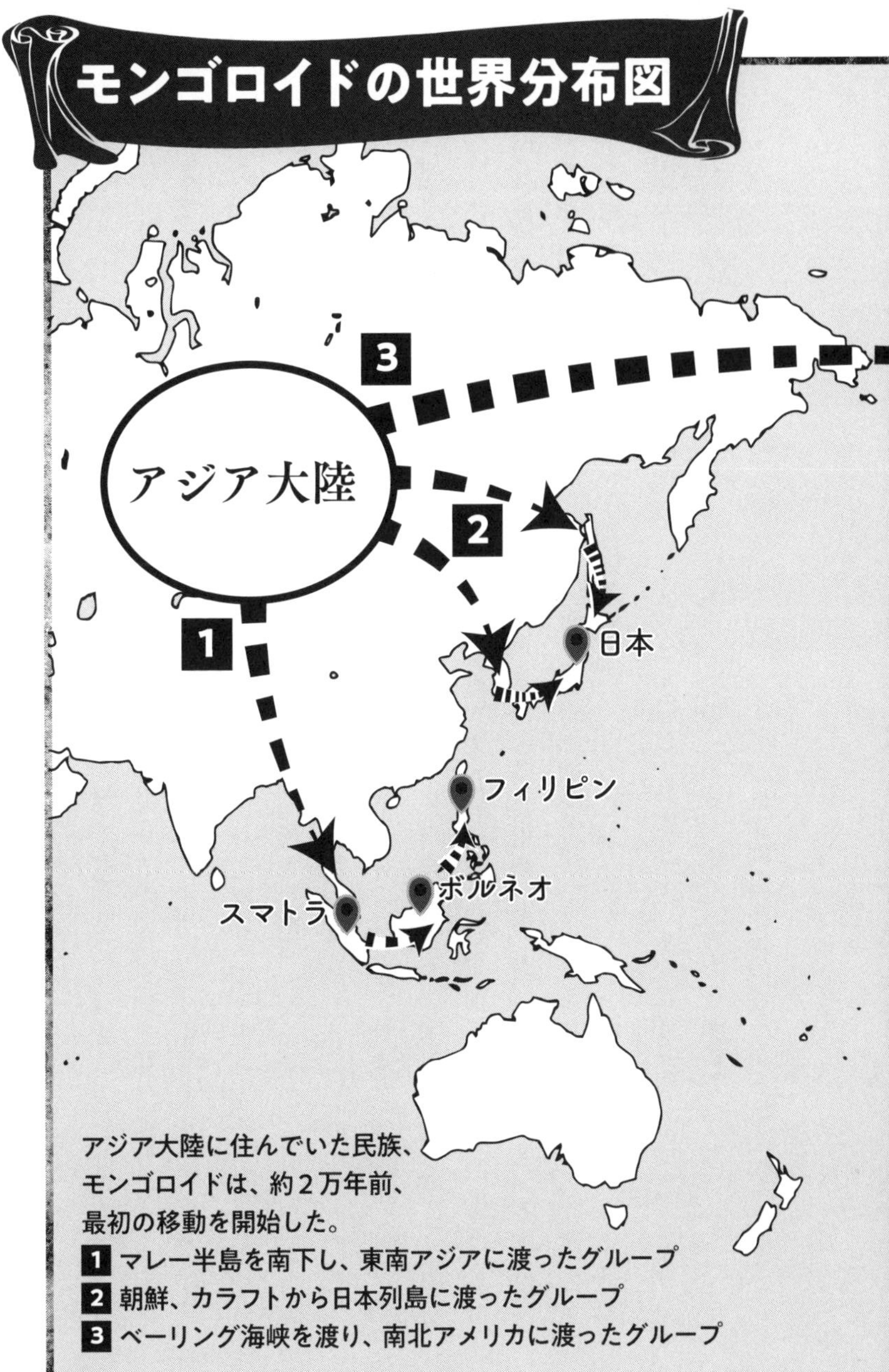
モンゴロイドの世界分布図
3
アジア大陸
2
1
日本
フィリピン
ボルネオ
スマトラ
アジア大陸に住んでいた民族、
モンゴロイドは、約２万年前、
最初の移動を開始した。
1 マレー半島を南下し、東南アジアに渡ったグループ
2 朝鮮、カラフトから日本列島に渡ったグループ
3 ベーリング海峡を渡り、南北アメリカに渡ったグループ

一万年を越える歳月のあいだには、さらに多くの移民と漂着者があり、混血も行なわれたにちがいない。「コンチキ号」と「ラー号」の航海で有名なヘイエルダールは、メキシコに残る大ピラミッドは古代エジプトの影響であると確信し、またオーストリアの文化人類学者ハイネ・ゲルデルン教授は、ペルーのチャビン文化やコロンビアの古文化には、シナ大陸の周時代の南支文化との類似が見られるという新説を述べている。写真で見ると、たしかにエジプトにもメキシコ風の階段型ピラミッドがあり、チャビン発掘の陶器には殷、周の雄大な銅器の面影があって、ただの奇説珍説として笑いとばすことはできない。古代世界の交通と文化交流はかなりに高度のものであり、近代科学と技術を誇る現代人が考えているほどには未開単純ではなかったようだ。

世界の古代はまだ砂漠とジャングルの中に眠っている。現在までの発掘と発見は、その百分の一にもすぎまい。『古事記』（八世紀）と『魏志倭人伝』（三世紀）以前にも日本人の生活はあった。神武天皇にも父母があり、さらに百代をさかのぼる祖先があったはずだ。日本という国は『日本書紀』が推定した約二千六百年前、または一部の学者が言う二千年から千二百年前に建国されたものではない。両米大陸のインディアン、マレー・ジャワのインドネシアン、または檀君（だんくん）建国五千五百年を誇る朝鮮民族、イスラエル暦七千数百年をいまだに守りつづけているユダヤ人と同じ程度の長い前史があったにちがいない。神武天皇の実在を証明するために、私は五千年前、いや、第四氷河期解氷前後のモンゴロイドの日本列島移住の仮説から筆を起こしたい。

第二章　日本民族の起源

日本民族は何者なのか

水野祐教授の『日本民族の源流』という本は、日本列島の先住民に関する諸学説を紹介比較してはなはだ有益である。江戸時代には、新井白石、近藤守重、平秩東作、菅江真澄、シーボルト（父）などの古石器研究によって、アイヌ説が有力であったが、明治にはいると、大森貝塚（東京）の発掘者エドワード・モース（アメリカ人）は、アイヌ以前に先住民がいたと主張し、坪井正五郎博士は、この先住民をコロボックルという穴居の小人族だと推定した。これに対して、小金井良精博士の一派はアイヌ説を固守してコロボックル説に反対し、鳥居竜蔵博士その他の有力な学者がこれを支持して、明治時代はアイヌ説全盛のうちに終わった。

大正期から昭和初期にかけても、人類学者、考古学者、歴史学者たちの論争はさかんにつづけられたが、そのすべてを紹介する必要はあるまい。ただ論争の進展につれて、混血説が次第に有力となり、ついに西村真次博士の「六人種混血説」が現われた。この説は、とぼしい資料をもとに大胆な想像を駆使した興味深い仮説の一つであるから、その要点だけを書きとめておこう。

一、日本列島にもっとも古く移動して来たのはマレー半島、フィリピン諸島の山地に住む南方の黒人系のネグリートで、潮流と風に運ばれて漂着したものである。矮小で縮毛の人種で、彼らの体質的特性は現在の日本人にもときどき現われる。『記紀』に出てくる小人説話の主であろう。移動は五千年以上前の時代である。

二、次にシベリア沿海州から、間宮海峡を渡って白人系のアイヌ族が移って来て、カラフト、北海道から本州、九州、沖縄諸島にいたる日本全土に分布した。その最初の移動は約四千年前で、彼らの残したのが縄文文化である。

三、同じころ、ほぼ同じ経路を通って移住して来たのが、南蒙古系のツングース族（現在のオロッコ族と同一系統の部族）で、最初の移住は約三千八百年前であった。これが秋田、佐渡、越後、能登などに上陸分布した古志（越）の民衆である。さらに六百年ほどおくれて、シナの古典にでる粛慎人（扶余族）がリマン海流に乗って朝鮮東岸づたいに南下し、日本海を渡って出雲に上陸し、出雲民衆となった。これは日鮮人を形成した重要な人種要素で、後に「天孫族」と呼ばれるのは、このツングース族であろう。第三回の移住は二千六百年ほど前で、対馬、壱岐を経て九州に上陸分布して日向民衆となった。弥生式土器は彼らがもたらしたもので、これらのツングース族を総称して原日本人と呼ぶ。

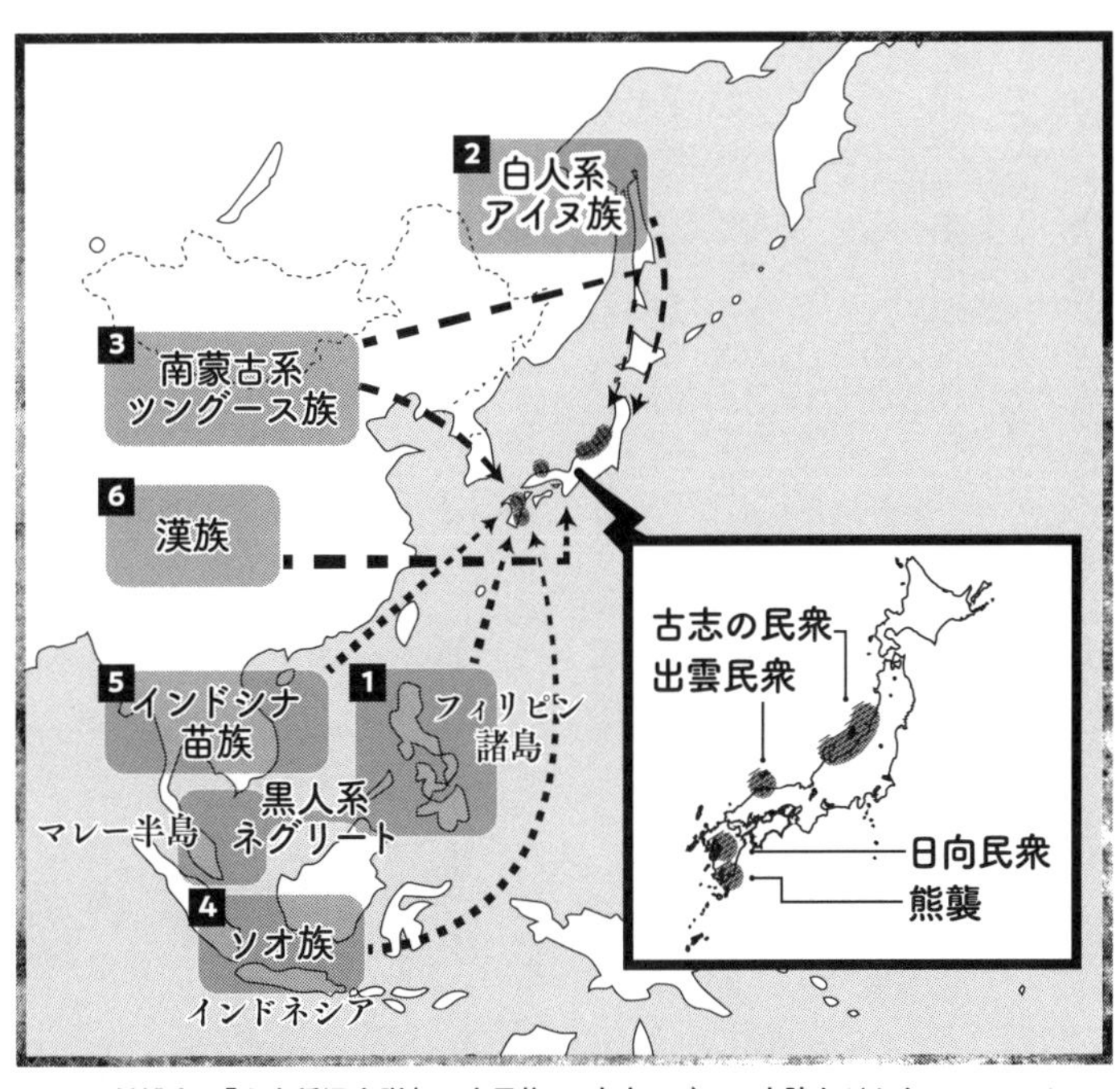

西村博士の「六人種混血説」。日本民族は、東南アジアや大陸などから渡ってきた六種類の民族の混血であるという仮説。

四、そのころ、西南日本には、インドネシアの一部族ソオ族が薩摩大隅半島に上陸していた。彼らは矛と楯を武器とし、今のカインやサロンに似たフンドシや腰巻を用い、肌には入墨や彩色をほどこしていた。古典にでる隼人（または熊襲）である。

五、また、約二千五百年前から、インドシナ族（苗族）が移動してきて北九州に分布した。シナ史にでる倭人とは主として彼らのことであり、漁業と農業を営んでいた。

六、最後に漢族（原シナ人）が約二千年前前後から移動して来たことは、文献にも現われている。彼らは当時の日本の中枢地帯、大和河内(かわち)地方に分布した。

戦後の日本民族論の傾向

以上が西村説の大略であるが、もちろん一つの仮説であって、すでに老化して通用しない部分のあることは、私の素人目にもわかる。十一ページに引用した「一つの歴史過程についての総合のほとんどは、その四分の三が推測なのである」というクラーク、ピゴット両教授の言葉を思い出していただきたい。しかし、第一章に紹介したモンゴロイド南下説と照らし合わせて読めば、西村博士の大胆な推測と論断もはなはだ興味深い。人文科学もこのような仮説の積み重ねによって徐々に進歩するのである。

戦後の二十数年間は、いろいろな政治的禁忌(タブー)が解けたこと、古代史を考古学から始めるアメリカ流の教育法が採用されたこと、開発事業の副産物としてやや大量の資料が出はじめたことなどによって、日本考古学と先史研究は開花期に達したように見える。正確に言えば夜明け前の薄明かもしれぬが、とにかく光はさしはじめ、考古学熱は中学高校生をも巻きこみ、各地で組織的な発掘が行なわれ、出土品は系統づけられ、大小の考古博物館が新設された。結構なことであるが、一方では考古学と歴史を混同する教授群、考古学を日本歴史の破壊に利用する政治的学者団体も活躍しだしてしまった。その結果の一つとして、縄文・弥生土器は知っているが、神武天皇も日本武尊も知らず、『古事記』と『日本書紀』も「架空の神話」として読もうとしない大学生と卒業生群が大量に生まれた。

しかし、この種の混乱は別として、戦後の日本考古学と人類学が画期的ともいうべき発展をとげたことは事実である。水野祐教授にしたがえば、戦後の「日本民族論」には三つの重要な傾向が見られる。

一、アイヌ説の衰微――縄文土器と弥生土器の研究の結果、新石器（縄文）時代をアイヌ文化と見、弥生時代を原日本人の文化とする公式論が否定されるようになった。

二、無土器文化の究明――明石原人、葛生(くずう)原人、牛川人(うしかわじん)、三ケ日人(みっかびじん)などの人骨の発見により、これまでは日本にはなかったと言われていた旧石器時代が実在し、遠い洪積世(こうせきせい)にも日本列島に人類が住んでいたことが確認され、縄文土器文化以前の原始文化の究明が急速に発展しはじめた。

三、長谷部言人(はせべことんど)博士をはじめとして、日本民族混血説を否定して、日本人単一人種説を主張する学者群が現われてきた。

専門の学者ではない私には、戦後の新学説についても口をはさむ資格はない。ただ、すべての学問がいろいろと回り道をしながらも、学者たちの苦心によって一歩一歩前進しつつあることだけはわかる。しかも、昨日の仮説は今日は崩され、明日はまた新しい仮説が現われる。それが学問の道であり、日本の先史と古代史もまた、まだ謎解きと推理競争の段階にあるということも、よくわかるのである。

歴史と考古学を混同するな

水野教授は考古学の結論をただちに歴史に結びつけることの危険をくりかえし警告している。軽率にそれを行なえば、木に竹をついだような奇説しか生まれないからである。

歴史とは記録された伝承によって始まるものであり、厳密にいえば、記録のないところに歴史はない。歴史は過去に起こった事実のただの羅列ではない。たとえば日記は史料にはなるが、歴史にはならない。新聞記事についても同様だ。人間の行動と精神の記録、しかもその行動とは日常生活のくりかえしのことではなく、精神もまた日常性を越えて飛躍し、人間の英雄的行動を導き、民族の前進に役立つ思想または熱情として現われた場合にのみ歴史として記録される。

「各民族の古代史が、いずれも英雄物語で始まっていることは偶然ではない」という哲学者ヤスパースの指摘に私は同感する。またわが国の学者では田中忠雄（たなかただお）教授の、

「日本では、歴史とは古事記の正訓ふるごとぶみであり、歳月を歴（へ）ても磨滅（まめつ）せず価値を減ずることのない人間の行ないを記した史（ふみ）の意味だ」

という言葉に深く心を打たれた。

ドイツの哲学者ヤスパースは、名著『歴史の起源と目標』の序文の中に書いている。

「人間の歴史はほとんど大部分が記憶から消えている。探究によって初めて接近できるのであるが——それもきわめて小部分にすぎない。歴史のすべての基礎をなしている長い先史時代の深淵は、私どものかかげる弱い光ではまだ正確に照らされていない」

「歴史は伝承が言葉として記録されているかぎりの過去にまでさかのぼる。一つの言葉が手にはいれば、私たちは足場を得たようなものである。先史時代の発掘から出てくるすべての言葉なき遺物は死骸のように沈黙しつづけている。言葉の作品が一つでもあれば、私たちは初めて、人間の内面性、情緒、衝動を生き生きと感じとることができる。言葉で記録された伝承が西紀前三千年（約五千年前）以上の過去にさかのぼるところはどこにもない」

これは歴史学と考古学・人類学との間にきびしい一線を引いた言葉である。この一線を無視すると、水野教授の警告する「木に竹式」の珍説が生まれる。

しかし、考古学もまた歴史学と並んで発展する。ヤスパースは、「遺物は死骸のように沈黙している」と書いたが、最近の考古学はカーボン・デイティング（炭素放射能による年代測定）や花粉分析法によって、言葉なき遺物や遺骨に、少なくともその年齢だけは語らせ始めた。

身近な実例をあげると、戦後の昭和三十四年ごろ、神奈川県夏島（なつしま）と瀬戸内海の黄島（きじま）から発掘された縄文土器を、明治大学がアメリカのミシガン大学に送ってカーボン・デイティングによる年代測定を依頼した。やがてミシガン大学から返事がきた。

「あまりに年代が古すぎて驚いている。世界最古の土器よりも古い年代がでたので、テストに誤りがあるかもしれないから、もっと研究してみたい」

今まで世界最古の土器と思われていたものは西アジアとアフリカの出土品で、紀元前約七千年と測定されていたが、夏島の縄文土器はそれよりもさらに五百年ほど古く、紀元前七四九一年（プラス・マイナス四百年）、黄島土器は少し新しく六四四三年（プラス・マイナス三五〇年）という数字がでたのである。ミシガン大学はさらにテストをくりかえしたが、この数字は動かせないという結論がでた。

夏島土器は図録でみると、尖底式と呼ばれるもので、たぶん砂や土に尖った底を突き刺して、戸外の炊事に用いられた器具だろうと推定されている。分布は関東のみならず、青森・北海道をはじめ、ほとんど全国の早期縄文遺跡から出土する。

先日、奈良に旅行し、橿原市の「考古博物館」を見たが、ここにも夏島式の尖底縄文土器が一つ陳列されていた。年代測定も西紀前約七千年で、すなわち今から約九千年前のものである。橿原遺跡からは、弥生土器、古墳時代の多量の埴輪、土師器などがでているが、その下層に縄文早期の尖底土器も埋まっていたのである。大和盆地の先史の長さが想像できる。橿原

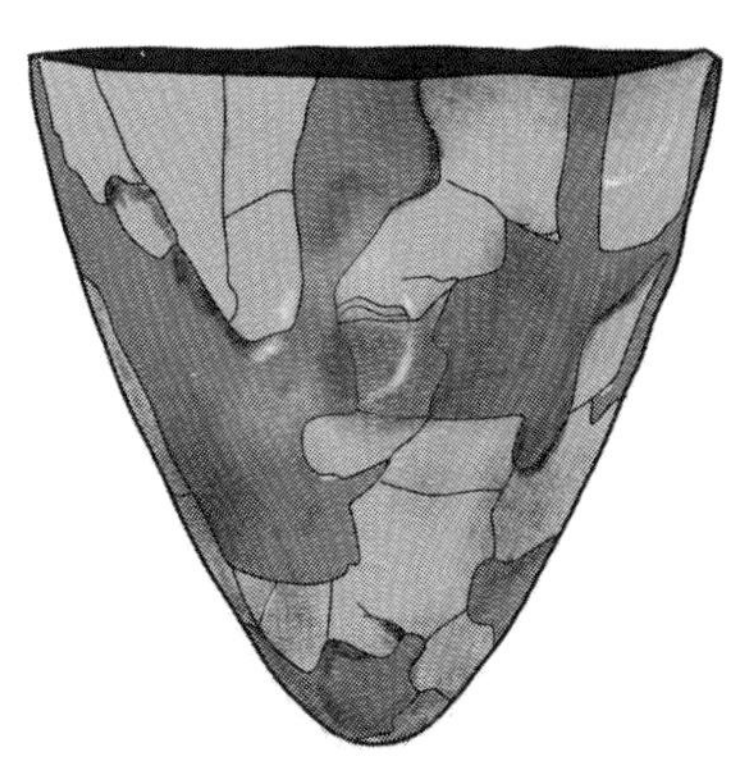

神奈川県夏島出土の縄文土器。アメリカの測定では、今までの世界最古よりさらに古い、紀元前 7491 年と推定された。

に都を開いた神武天皇がもし一部の学者の言うように、弥生時代（西紀前後合わせて六百年）の人物であるとすれば、神武以前の先史は橿原だけでも七千年近くあったことになる。尖底土器を発掘したのは八十歳を越えた郷土学者だが、今に必ず一万年以上前のものがでるにちがいないと、それを楽しみに発掘と研究をつづけているそうである。

ここで思いだしたが、十年前のアンデス旅行の際、ペルー北辺の砂漠を三日がかりで縦断したことがあった。ジープのタイヤが砂に埋まり、ガソリンを使い果たし、危うく遭難の一歩手前の危険にも会ったが、それは別として、砂漠の中のインディオ部族（と言っても、四、五軒の土煉瓦（アドーベ）の掘立小屋がならんだ場所）で小憩したときのこと、私たちは小屋の中をのぞいてみたが、誰もいない。

戸外の裏庭にあたる場所で人の気配がしたので行ってみると、子どもを背負ったインディオの主婦が炊事をしていた。露天の砂の上に形ばかりの石のカマドを作り、砂の中に土器を突き立てて食物を煮ている。その土器が、夏島式または橿原式にそっくりの尖底型であった。

私は、縄文初期の土器とその使用法を現代ペルーの砂漠の中で見たわけである、太古の器具とその使用法は、後代の文化の影響のない場所（砂漠や山の中）では、何千年もそのまま残るらしい。

日本の尖底土器にも、砂や土の中に突き刺した傷痕があるという。縄文土器の底が丸型または平底型になったのは、家屋の構造が進み、炉が屋内に移された後だというが、アンデス地帯の一部で今なお尖底式土器が使用されていたのを見たときには、約二万年前にベーリング海峡を越えてモンゴロイドが北南米大陸を南下したこと、すなわちアメリカン・インディアンと日本人の同祖説を裏書きされたような気がした。日本の縄文土器、とくに中期以後の形態と文様の多様多彩な発展は、尖底土器が使われなくなったはるかに後のことである。

第三章　『富士古文書』とその記録者徐福の使命

謎を秘める『富士古文書』との出会い

さて、ここで話題を変えよう。

本題の「古事記以前の古代史」を解明する鍵の一つとなる古文書――『富士古文書』と『上記』に触れてもいいときがきたようだ。まず、『富士古文書』との出会いから始める。

私は毎年、箱根仙石原の別荘に暑を避けて暮らしているが、昨年の夏の初め、近くに住む映画監督熊谷久虎君の山荘に遊びに行き、古代史や縄文土器の話をしていたら、この同郷同年の友人は、

「君がそんなに興味を持っているなら、おもしろい本があるから持っていけ。しかし、うっかりこの本に巻きこまれると、歴史家からは袋叩きに会うぞ。戦前にも藤沢親雄という博士がひどい目に会っている」

そう言って、三輪義凞著『神皇紀』という大冊の活字本を貸してくれた。著者三輪氏については、序文にちょっと経歴が書いてあるが、詳しいことはわからない。富士山麓に十五年間滞

在して、浅間神社宮司の後裔宮下家に保存されている古文書について研究を重ね、大正六年六月に『神皇紀』（約五百ページ）を出版して世評を呼び、四版を重ねたが、関東大震災で紙型を焼失し、昭和五年、改めて世に問うたとあるから、今はもう故人であろう。

熊谷君が貸してくれた『神皇紀』の表紙裏に新聞記事の切抜きがはりつけてあった。何新聞だか不明だが、昭和十三年十月一日付で、「高天原は富士山だ」という五段抜きの大見出しで、三輪氏とは別の研究家のことが書いてあった。この人の名は神原信一郎氏、土木工学の博士で、当時東電に勤めて、富士山周辺の水源調査をやっていたが、土地の旧家宮下家に古文書が秘蔵されていることを知った。

古文書は富士吉田町郊外明見村の小室浅間神社に伝わり、宮下家に保存されていたものだが、三輪氏の研究に触発されてか、すでに大正七年に、時の斎藤内大臣や帝大教授小藤文三郎氏などを顧問とする「富士文庫」という財団法人が研究に着手したが、ある文献学者の鑑定により、古文書は偽書であると断定され、法人は解散し文書は埋もれてしまった。

神原工学博士はこの「偽書」に興味をもった。その動機は、水源調査の際に、河口湖の水が熔岩層の下をくぐって桂川に通じていることを発見したからである。この地下流は、上代には当然地表を流れていたものと考え、宮下家の古文書を調べてみると、桓武天皇の延暦十九年（八〇〇年）と清和天皇の貞観六年（八六四年）の大噴火以前には、太田川という川が河口湖

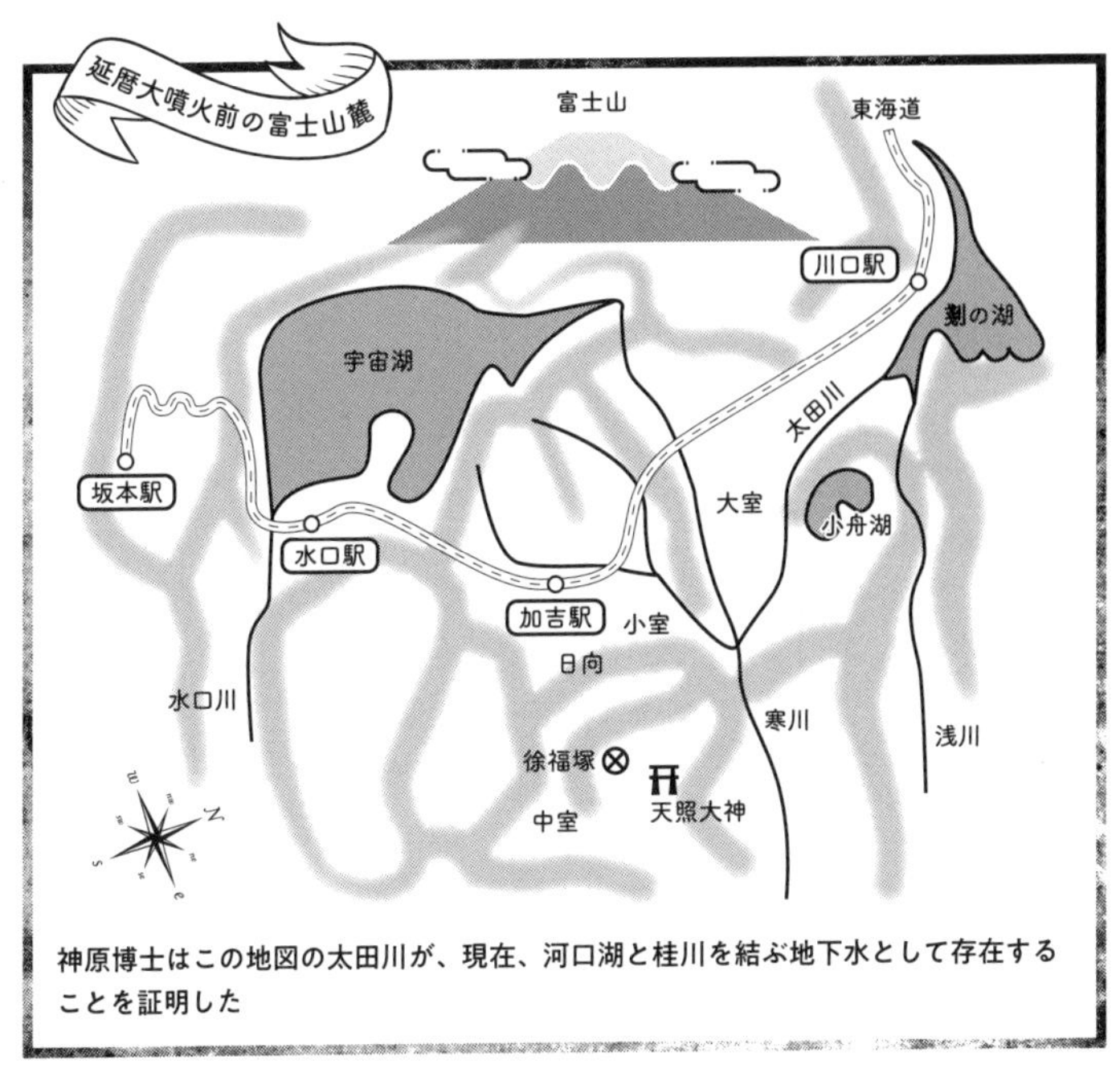

と桂川をつないでいたことが明記してあった。

神原博士はこの発見を喜んで、それ以来二十二年間、専門の土木、地質、水理学に、史学と考古学を併せて総合研究をつづけ、「富士古文書には偽書も加わっているが、その根幹となる記録は真書に近いものという確信を得て、世に発表した」——という新聞記事であった。

私は急に富士吉田市の宮下家文書を見たくなった。今まで偽書として葬られてきた、『富士古文書』に非常な興味を感じたからである。吉田市は、仙石原からは一時間たらずのドライブ距離である。この町の明見部落と呼ばれる土地のどこかに秦の徐福が書いたと伝えられる不思議な古文書が眠っている。秦の始皇帝の命による徐福の航海は、司馬遷の『史記』によれば、西紀前三世紀の末であり、日本への到着は人皇第七代孝霊天皇の治世であったと戦前の『国史大年表』に出ている。もし事実だとすれば、この古文書は『記紀』よりも約千年ほど古く、例の邪馬台国論争の種になった『魏志倭人伝』よりも約五百年前に書かれたことになる。私はまず宮下家を捜しだして、現存しているという古文書を自分の目でたしかめたかった。

　私は娘の恭子と彼女の親友の図南さんを運転手に頼み、できれば信州諏訪湖畔と八ガ岳周辺の縄文遺跡に足をのばす約十日間の旅程を組んで出発した。六十七歳の私には、かなり欲ばった探検旅行であった。吉田市に着いたら市役所か学校でたずねようと気楽に考えて出発したのだが、途中で気がついたら、ちょうど「文化の日」で市役所も学校もお休みだ。神社なら休みではなかろうと思い、連休ドライブの車の激流の中を浅間神社の社務所にたどりついた。私と同年配の宮司さんがいて、明見村などという地名はないが、明日見部落なら今は吉田市内になっていて、宮下家も残っている、古文書のことはよく知らないが、と言いながら、だいたいの道順を教えてくれた。神原博士のことを書いた新聞記事には、「山梨県南津留郡明見村宮下源九郎所蔵」と書いてあり、娘の恭子の持っている新版のドライブ地図にも、大明見、小明見という地名が出ている。どこでどうまちがえたのか、それとも昔は明見村と呼んだときがあったのか。いずれにせよ、現在の宮下家は吉田市小明日見（こあすみ）にあることがわかった。まず幸先（さいさき）よしである。

いくどか人にたずね道に迷いながら、ふと通りかかった小さな神社の鳥居に「小室神社」という額がかかっていた。小室浅間神社なら、『富士古文書』の保存に関係の深い神社だと『神皇紀』に書いてある。境内を清掃している数人の人影がみえたので私は車をとめ、図南さんに宮下家の所在をたしかめることを頼んだ。有能な助手はやがて五十歳ぐらいの親切そうな人物をつれて帰ってきて、「この方が宮下家まで案内してくださるそうです」と言った。あとでわかったことだが、この人は宮下義孝（よしたか）さんといい、かつて宮下本家の養子であったが、奥さんに先立たれて、今は離籍して別に一家をたてているという。この地方にはそんな習慣があるのか。

宮下家は、小室神社から遠くない部落の中の藁（わら）屋根の旧家であった。古文書をおさめた奉安殿風の白い倉は、家の裏の竹藪（やぶ）の中に建てられていた。当主は不在であったが、奥さんと義孝さんが親切に奔走してくれて、親族の人を呼び、奉安庫の厳重な錠前（じょうまえ）をあけてくれた。

古文書は、十個ほどの抽出し（ひきだし）のついた白木の箪笥（たんす）の中にぎっしりとおさまっていた。

「全部ごらんになりますか」

「いや、私は宮下家文書が現存していることをたしかめに来ただけです。内容はとても読めませんから、秦の徐福が書いたという『神代実記（じんだいじつき）』の一部だけでも見せていただければ結構です」

「それなら一番下の抽出しでしょう。どうぞ自由にごらんください」

親族の人は奥さんと宮下義孝さんだけを残して、用件のために出ていってしまった。

古文書は一通ずつ手製の封筒におさめられていた。その数通を開いてみると、歳月にむしばまれて赤褐色に変色しているものもあり、中にはほとんど炭化して文字も定かでない残片もあった。――と言っても、これらが紀元前三世紀末そのままのものではないことは、私も知っていた。原本はたび重なる戦乱、富士山の噴火、洪水などの厄に会って早く消滅したが、ほうぼうに篤志家の複写が残っていて、それらが小室浅間神社に集められ、さらに何度も複写されて、最後に、「開けば目のつぶれる宝物」として宮下家の天井裏に秘匿されたことは、『神皇紀』の中の「古文書保存史」に詳しい。それが明治十六年二月二十二日に再び開かれ、三輪義凞氏や神原博士の目にもふれるようになったのである。

奉安庫のまわりの竹藪の中には、部落の子どもだけではなくおとなも集まっていて、ときどき中をのぞきこみ、「おれも見るのは初めてだ」「なにしろ、目がつぶれると言われたからなあ」などと、ささやき合っていた。部落の人々も見たことのない秘書に一回のめぐり会えた幸運を、私は富士の神々に感謝しなければなるまい。

また、この文書を全部写しとり、製本して自宅に保存している人の名も教えられた。林業試験場富士分場所長渡辺長蔵氏である。私は信州縄文遺跡めぐりからの帰途、渡辺氏に会えた。氏は、

「『神皇紀』は非常に正確な紹介ですから、(『富士古文書』の)原文を読むまでもないでしょう」

と、言ってくれた。私は念のためたずねた。

「『神皇紀』には神武建国の日を二月十一日と書いてありますが、あれも原文にありますか」

「たしかにあります」

と、渡辺氏は確言した。

二月十一日は明治初年の紀元節創設のときに換算された日付で、『日本書紀』にもない。私は『神皇紀』を書いた三輪氏の勇み足かと思っていたが、宮下家文書の原文の中にあるとすれば、明らかに明治以後の付加である。この点などからも「偽書説」が生まれたのであろうが、何度も複写された文書には、この種の付加はまぬがれがたい。津田左右吉(つだそうきち)博士は、『古事記』にも後世の付加があることを指摘しているが、付加の故に全部を偽書とみることはできない。ただ、『富士古文書』保存の期間の長さ、複写者たちの苦心のほどを思うべきである。

秦の始皇帝の雄図

それよりも重大な問題は、『富士古文書』の最初の筆者である秦の徐福が果たして実在人物で、西紀前三世紀の末に日本の富士山麓に来たかどうかという点である。この徐福伝説が嘘なら、『富士古文書』も取るにたらぬ偽書になる。それでは、徐福伝説についての二、三の仮説を述べてみる。まず秦の始皇帝が、徐福を日本に遣わせた経緯である。

秦の始皇帝と司馬遷の実在を疑う者はまずあるまい。始皇帝は今から約二千三百年ほど前の人物で、周が滅びた後の春秋戦国乱世の末に、函谷関の奥地にある小国秦から興って、大帝国を建設し自ら始皇帝と称した。三歳のころから他国に人質にされ、ちょうどわが徳川家康のような苦労を重ねて、十七歳のときに初めて秦の王位につき、二十二歳のときに国政の実権をにぎって、大いに国を興した。万里の長城と阿房宮の築造で名高く、「焚書坑儒」によって悪名を背負っているが、シナ最初の帝国建設者であるから、決して凡庸尋常の君主ではない。「焚書坑儒」的な言論弾圧は、その後の独裁者たち——現代のスターリン、ヒットラー、毛沢東にいたるまで、大規模に行なった政策であるから、始皇帝だけを責めるわけにはいかない。毛沢東政権下では、最近になって始皇帝の評価が高まっているというのも偶然ではなかろう。

始皇帝はまず郡県制度を採用して、中央集権の実をあげ、文字を篆書に統一し、度量衡を定め、運河を開き、万里の長城のほかに、ペルシャのダリウス大王の「王の道」やインカの「太陽の街道」よりもさらに大規模な全国的交通路を建設するという、治績広大な英主であった。

天下統一の後、彼はほとんど毎年、新領土を巡幸したが、山東省の泰山に登ったのは紀元前二一九年で、彼が建てた碑の文章は司馬遷の『史記』に収録されている。

始皇帝は儒学者を生埋めにし、道教の方士の中の偽者数百人を追放したと言われているが、なお道教を信仰し、とくに方士徐福を重用した。皇帝が朝嶧山という山から勃海をながめたとき、はるかな水平線上に三つの島影が現われた。それはこの地方にしばしば出る蜃気楼だったという説もあるが、皇帝はうやうやしく島影を拝した後、侍臣に命じた。

「渤海の中には蓬莱という神山があり、多くの仙人が集まって不老不死の仙丹を練っているという。凡人はこの島に近づくことはできないが、本物の方士なら行けよう。徐福を呼べ」

徐福は道教の方士だが、儒学にも通じ、インドにも七年間留学して仏法をも学んだ当時の最高の知識人であった。彼は始皇帝に答えた。

「蓬莱山は、たしかにございますが、海は遠く、往復には十五年から二十年かかるでありましょう。途中いかなる難事に会うかもしれず、大船団の準備が必要であります」

「費用は惜しまぬ。ただちに出発せよ」

徐福の組織した遠征隊は大船八十五隻、乗組の童男童女各五百人ずつ。食糧はもちろん、蓬莱島の仙人と住民への贈物として、金銀珠玉、五穀の種子、各種の器具、数百巻の書籍まで積みこんだ。童男童女といっても、航海術に熟達した老人、壮年の夫婦者のほかに少年少女を加えたもので、まるで、SFの宇宙旅行のように、途中で祖父母と父母が死ねば、孫たちが志をつぐという大がかりなものだった。あまりに規模が大きかったために、現在では、不老不死の霊薬は口実で、実は日本島への植民とその征服であり、後に述べるように、神武天皇は実は徐福であるという奇説さえ、シナの学者によって唱えられているほどである。

徐福の目標は中南米大陸なのか

徐福伝説に関するいま一つの仮説は、ヨーロッパの学者によって唱えられている。私が「アンデス学術調査団」に参加したとき、団員の一人にオーストリアの文化人類学者ハイネ・ゲルデルン教授に学んだ若い大林太良（おおばやしたりょう）助教授がいて、徐福遠征の目的地は日本ではなく中南米であったと教えてくれた。そのときは、ただ首をかしげて聞き流したが、帰国後大林君が「新旧両大陸間の文化交流」（『世界考古学全集』第十五巻）の中で紹介したゲルデルン教授の学説を読んで、そういうこともあり得ないことでもないと納得した。

ゲルデルン・大林学説によれば、コロンブスの発見より二千年以上昔の周の時代から、シナ人は中南米に渡航して、メキシコ、ペルー、その他の国の文化に強い影響を残している。周末から春秋時代の初めには、ペルー最古のチャビン文化が栄えたが、この時期の土器と周の銅器は、形や文様が驚くほど似ている。メキシコのベラクルス地方のタヒン文化についても同様だという。

古代シナの航海術は現代人が想像する以上に発達していた。シナの船舶は、インドネシア、ニューギニア、ニュージーランドにまで航行している。呉王（ご）が遠島（琉球、または台湾）に遠征して捕えた捕虜は二百人から七百人に及んだという記録があるから、大型の船を用いたにちがいない。

シナ大陸から両米大陸への航路は、ハワイ北方の西風と潮流に乗り、まずカリフォルニアに着き、岸づたいにメキシコ、ペルーまで南下し、帰りは貿易風を利用して南方ルートを使ったと想像される。後に十六世紀から十九世紀のころまで、スペイン人がフィリピンとアメリカを往復したのもこのルートを用いた。最近の日本の冒険青年たちのヨットによる太平洋往復も同じルートである。多くの難破と漂流はあったろうが、紀元前十数世紀の古代にも、太平洋往復は可能であったと考えられる。

たしかに、中南米古代文化にシナ古代の影響らしいものがあることは、ゲルデルン・大林説のとおりであるかもしれないが、徐福遠征隊の中南米到着を証明する伝承や遺物はまだ発見されていない。『史記』に記されているのは、大船団出帆のことだけで、徐福一行の消息はシナ側の文献からは消えてしまい、その代わりに中南米ならぬ日本に徐福伝説が現われる。

徐福の紀州上陸が孝霊天皇の七十二年だったという記事は『和漢合運』という江戸時代の本にあるそうだが、この伝説の起源はかなり古いものらしい。もちろん、紀州新宮市の近郊にある徐福碑や祠は江戸時代に建てられたものだから、日本の現代史家たちはただの伝説として扱い、まじめに問題にするものはない。

徐福神武天皇説

しかし、シナ側には徐福を実在人物として扱い、「神武天皇は徐福である」という奇説まで生まれている。弘道俊氏が雑誌「祖代」に発表した「神武天皇は中国人か」という随想風の論文によれば、中共革命でイギリスに亡命した燕京大学教授衛挺生博士が一九五〇年版の『アカデミアン』に「神武天皇は徐福である」という説を発表して、大センセーションを起こしたという。徐福が始皇帝の命を受けて日本に向かったのは紀元前二一九年で、日本到着のあと、この島の征服を決意し、始皇帝に武器と軍隊を要求したのが二一〇年。九州から進撃して、大和の橿原に到着したのが二〇三年であったという。

衛博士は日支両国の考古学的資料、『古事記』、『日本書紀』、『漢書』、『三国志』などを引用して詳細に考証しているそうだ。邪馬台国の女王卑弥呼が死んだのは、紀元後二四七年で、彼女はまちがいなく神功皇后（十五代応神の母）だという。古代世界の帝王の在位期間の平均は三十年であるから、十五代×三十年は四百五十年となり、したがって紀元前二〇三年は徐福、すなわち神武天皇の橿原即位の年だということになる。

その他、衛博士の考証と論証はきわめて豊富で、しかも亡命後に急に考えついたものではなく、戦争中からシナの知識人の中にはこの説の信奉者が相当に多く、日本人はこの話を持ち出されると太刀打ちできないという話を、私自身も北京滞在中に聞いたことがある。日本史家の中には、神武天皇は弥生時代の初期の人物だと推定する者が少なくないから、年代も衛学説に合うので、ますます対抗できない。

弘道俊氏は、戦後有名な江上波夫（えがみなみお）教授の「騎馬民族説」（北方騎馬民族の侵寇（しんこう）と征服によって、日本古代史に大きな断層が生まれたという新説）も、衛学説と同じ流れの中の産物であり、日本の歴史学者が『記紀』だけにたよっているあいだは、これに反論できないと言い、「そもそも『古事記』も『日本書紀』も三級資料だ。古代史家はそれ以前の文献を改めて研究しなければならない。大分市の『上記』、吉田市の『富士古文書』、茨城県磯原の『竹内文書』など、これまで偽書として無視されているものを再研究し、捨てるべきものは捨て、取るべきものは取って、日本古代史の再編成を行なわねばならぬ」と、提唱している。

『記紀』を三級史料とみるか否かはしばらく措（お）き、両書はともに紀元後八世紀の初めに書かれたもので、しかも「神代」の記述は簡略である。縄文時代約七千年が弥生時代の前に存在しているとすれば、弘道氏の提言も根拠なしとは言えない。現に『富士古文書』には徐福の渡来が出てくるが、彼とその一族は日本の征服者ではなく、日本古代史の編纂者の役割を果たしている。しかも彼の渡来のときが、神武天皇の七代後だとすれば、この一点だけでも、衛挺生博士の「徐福神武説」は破れ去るが、ここでは、主として『富士古文書』に従って、徐福伝説を考えてみよう。

富士高原における徐福一行

徐福の遠征隊は、航海の途中いろいろな島に上陸してみたが、蓬莱山は見つからなかった。さらに東南の方向に進むと、空も晴れて海も静かなある日、東の水平線上に秀麗な山の姿を認め、これこそ蓬莱山にちがいないと、全員でひれ伏して遥拝した。やがて霊山の姿を見失ってしまったが、陸地と大きな山が見え始めたので、その山の麓に上陸して、よくながめてみると、先に見えた秀麗な霊山とはちがう。一行は驚き悲しみつつ、その地に住居を定め、四方に手わけして蓬莱山探索に三年間を費やした。上陸地は木日（紀伊）の国、熊野山の麓であったという。『富士古文書』の研究家鈴木貞一氏の近著によれば、徐福はそのあいだに孝霊天皇に拝謁したという。紀ノ川をさかのぼり、大和の国の黒田盧戸宮に参内し、天皇に平和な移民である旨を述べて、入国の許可を得た。天皇は徐福が捜しているのは富士山であろうと察して、重臣武内宿禰を案内役につけてくれた（鈴木氏『先古代日本の謎』）。

さて、再び紀州に帰った徐福は一行を乗船させて東に航海し、十数日目に駿河の浮島原に上陸し、松岡宿と水久保宿を越えて、富士山北麓の阿祖谷家基都に着いた。湖の多いこのあたりの高原は高天原と呼ばれ、日本の最初の首都の跡であった。首都はその後九州に移り、さらに大和に移ったのであるが、徐福が到着したころには、阿祖大神宮（後の浅間神社）をはじめ七つの神社があり、ホスセリ、スサノオ、ヒコホホデミ、オオクニヌシ、タケミカヅチの後胤をはじめとする高天原三十六神戸があった。三十六の名家と豪族であろう。

徐福は富士山がシナの伝説にある蓬萊山ではなく、不老不死の霊薬も求め得ないことを知ったが、この高原に住みつくことにした。日本が好きになったのか、シナ本国の長い動乱に飽(あ)き、秦帝国の滅亡を予感したのか、それとも仙薬を手に入れずに帰国しても、始皇帝によって坑(あな)に埋められるのが落ちだとみてとった故か、これは想像のかぎりではない。

いずれにせよ、徐福は福正夫人(ふくせい)、長男福永(ふくえい)以下十二人の一族とここにとどまり、遠征隊の全

天皇の系譜。徐福は七代孝霊天皇に拝謁したという（記紀にもとづく）。

1 神武
- 手研耳命
- 岐須美美命
- 2 綏靖
- 日子八井命
- 神八井耳命

3 安寧
- 息石耳命
- 4 懿徳 ― 天豊津媛命（懿徳后・孝昭母）

5 孝昭
- 6 孝安
- 天足彦国押人命 ― 忍鹿比売命（孝安后・孝霊母）

7 孝霊
- 8 孝元
- 若建吉備津彦命……播磨稲日大郎姫（景行后）

員を大室、中室、小室の各地に分住させて、開墾、生産を行なわせた。一行の中には、農夫、大工、壁塗師、猟師、紙師、笠作り、楽人、医師、裁縫婦、酒・油・塩の製造人、鍛冶師、鋳物師、石工、諸細工職人までそろっていたので、それぞれの職につかせ、婦女子には日本の養蚕を習わせて織物を織らせた。

徐福は、道・儒・仏にわたる書巻約三千巻（おそらく竹簡に篆書で記したもの）を持参していたが、これをインド留学のときに持ち帰った薬師如来の像とともに小室高座山の宝蔵におさめて、阿祖大神宮の宝物とした。自分は日本語を学び、富士高原の住民のために塾を開いた。大和の帝都からは毎年、阿祖大神宮への奉幣使が来たが、その中には武内宿禰もいて、徐福の学識に心服し、その子矢代宿禰を留学させた。

徐福の重要な仕事は日本史の編纂であった。彼は日本語にも熟達し、住民の尊信を得た後に、高天原三十六神戸に伝わる口碑、伝承、系図などを採録して、『徐福伝十二史談』をつくった。そのほかにシナ史二巻も書いたというが、これは消滅して伝わっていない。もし残っていたら、司馬遷の『史記』（紀元前九一年）よりも百二十四年早いシナ史が日本で書かれたことになる、と鈴木貞一氏は惜しんでいる。

徐福は孝元天皇（第八代）の第七年に富士中室で死んだ。墓は中室の麻呂山にあったというが、富士山のたび重なる噴火によって、その他の多くの遺跡とともに熔岩の下になってしまった。しかし、右にあげた地名の大部分は今もなお残っている。学者の説によると、地名は千年二千年を越えても残るものだそうだ。

徐福の子孫はその後も富士高原に住みついて、次男福万は名を福島と改め、父の命により、最初の上陸地紀州に移ってその土地を開墾し、新宮市の近郊に徐福を祭る小祠をつくった。これは江戸時代に復旧されて今も残っている。徐福遠征隊の子孫は、秦または秦を姓として、その後の帰化人とともに日本各地に散在しているという。富士山のまわりにも秦姓は少なくないそうで、現在も秦野という町がある。私の郷土九州大分にも、同じ字の姓を秦または秦と読ませる村々があり、中学生に騒がれたシナ風の美人が多かった。しかし、大分の秦氏は京都の太秦とともに、徐福一行とは関係のない後世の移民らしい。福岡、福山、福地、福田などの姓を徐福と結びつけることも、後世の付会のにおいが強いから、余談として聞き流していただきたい。

私が『富士古文書』とめぐりあった経緯は先に述べたが、熊谷久虎君が言った、「うっかりこの本に巻き込まれると、ひどい目に会うぞ」という忠告は忘れていない。しかし、『記紀』以前の神代の記述には非常に興味深いものがあるので、次に、その概略を述べ、神代の日本の姿を想像してもらうことにする。

第四章　『富士古文書』の語るもの

アジア大陸の時代

『古事記』の神代編は今の活字本にすれば、約五十ページ、『日本書紀』のそれも「一書に曰く」を加えて約百五十ページにすぎないが、『富士古文書』を集大成した三輪義凞氏の『神皇紀』は『神武紀』を加えて、約二百五十ページほどになっている。つまり神代の記述が『記紀』よりも長い。しかも注目すべきことは、「天之世」と「天之御中世」の舞台が日本列島ではなく、大陸になっている点である。次に重要なのは、地神四代の終わりのヒコホホデミノミコトにつづくウガヤフキアエズノミコトにはじまる五十一代が、生前の諱はそれぞれ異なるが、死後の諡はすべて同名になっている点である。これも偽書説の理由の一つになっているようだが、大分県の『上記』と茨城県の『竹内文書』にも、七十数代の同名の「神皇」が記されているのだから、何か共通の根拠があったにちがいない。襲名の風習は現在の日本にも残っている。

真偽の論議は後まわしにして、まず『富士古文書』の記述を『神皇紀』を参考にして、できるだけ簡略に紹介することにしよう。

一、天之世七代。――これはアメノホホヲノカミからアメノミハシラヒコノカミにいたる七柱の神々の世で、住んでいた場所は日本列島ではなく、アジア大陸のどこかである。

これらの神々は浜の真砂、山の真砂に白いもの（塩）が付着しているのを集めて、食物につけて焼いて食べることを始めた。

また、草木の実や鳥獣を清く平らな大石の上に乗せ、手ごろの長い石でたたきつぶし、焼山の火を取ってきて焚火をつくり、あぶって食べた。獣の皮、鳥の羽、木の葉などを細い藤蔓でつづり合わせて、身にまとった。住居は岩や土の山の穴の中であった。

また、いろいろの物の形を写して文字を定めた。文字は焚き残った木の炭を魚などの油に浸し、凹んだ石に水を入れて磨りこなし、小竹の先を歯でかみ、炭油をつけて、木の葉や割った大竹の中身に書き記した。――これは象形文字と書巻類の発生を暗示している。なお古代文字論については後に述べる。

眷族（部族・氏族）の人口およそ十万八千人。治世は合わせておよそ三十万日。

二、天之世七代の次は、天之御中世十五代。――これはアメノミナカヌシノカミ、タカミムスビホヲノカミ、ウツホヒコノカミなど十五代の治世で、それぞれ配偶の女神の名が記されている点が『記紀』とちがう。治世の通算はおよそ六十七万五千日。この時代に初めて諡（死後の名）が定められた。

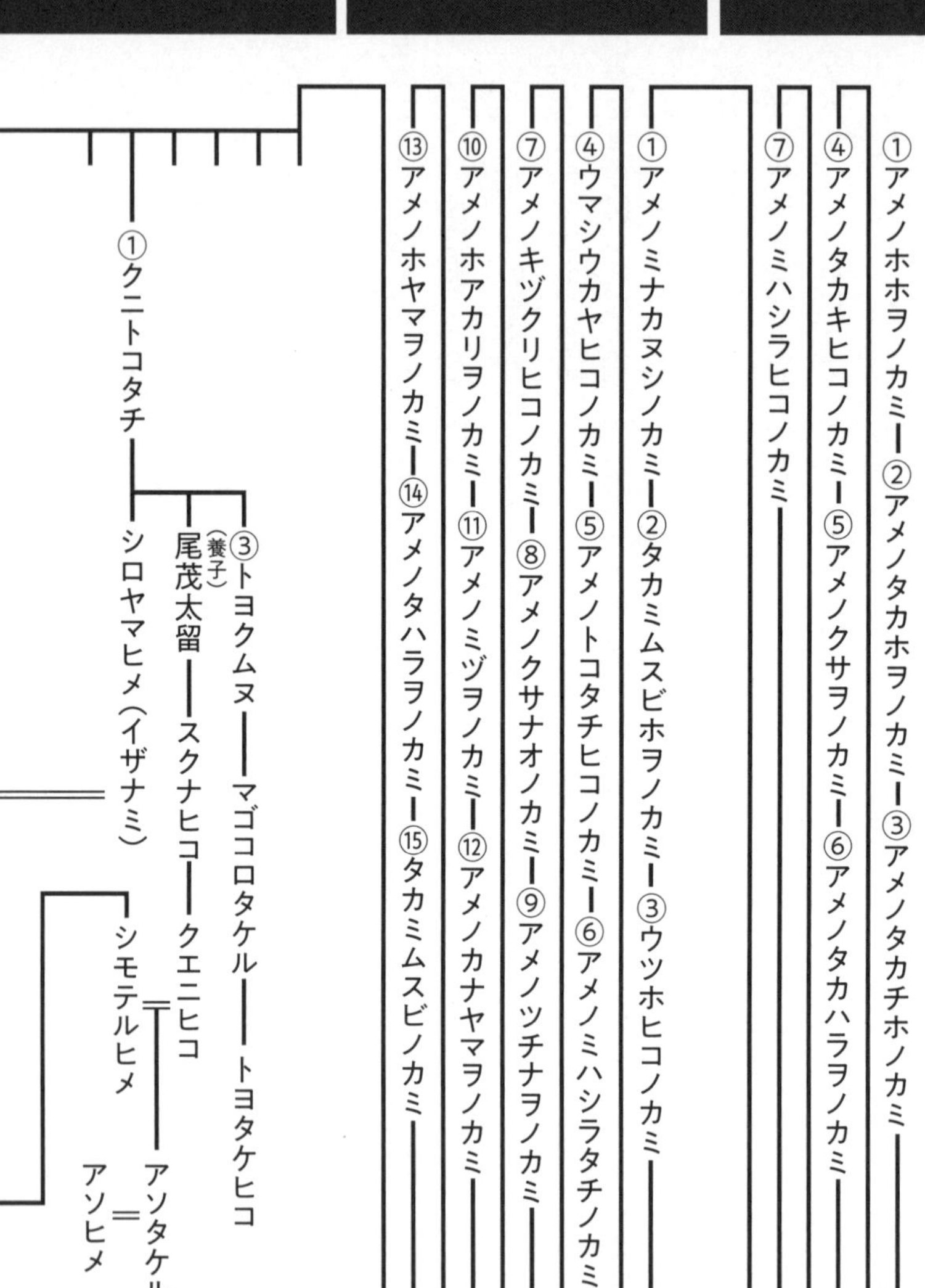

神々の系譜（『富士古文書』による）
天神七代
天之御中世十五代
天之世七代
①アメノホホヲノカミ―②アメノタカホヲノカミ―③アメノタカチホノカミ
④アメノタカキヒコノカミ―⑤アメノクサヲノカミ―⑥アメノタカハラヲノカミ
⑦アメノミハシラヒコノカミ
①アメノミナカヌシノカミ―②タカミムスビホヲノカミ―③ウツホヒコノカミ
④ウマシウカヤヒコノカミ―⑤アメノトコタチヒコノカミ―⑥アメノミハシラタチノカミ
⑦アメノキヅクリヒコノカミ―⑧アメノクサナオノカミ―⑨アメノツチナヲノカミ
⑩アメノホアカリヲノカミ―⑪アメノミヅヲノカミ―⑫アメノカナヤマヲノカミ
⑬アメノホヤマヲノカミ―⑭アメノタハラヲノカミ―⑮タカミムスビノカミ
①クニトコタチ
③トヨクムヌ―マゴコロタケル―トヨタケヒコ
（養子）尾茂太留―スクナヒコ―クエニヒコ
シロヤマヒメ（イザナミ）
シモテルヒメ
アソタケル
アソヒメ

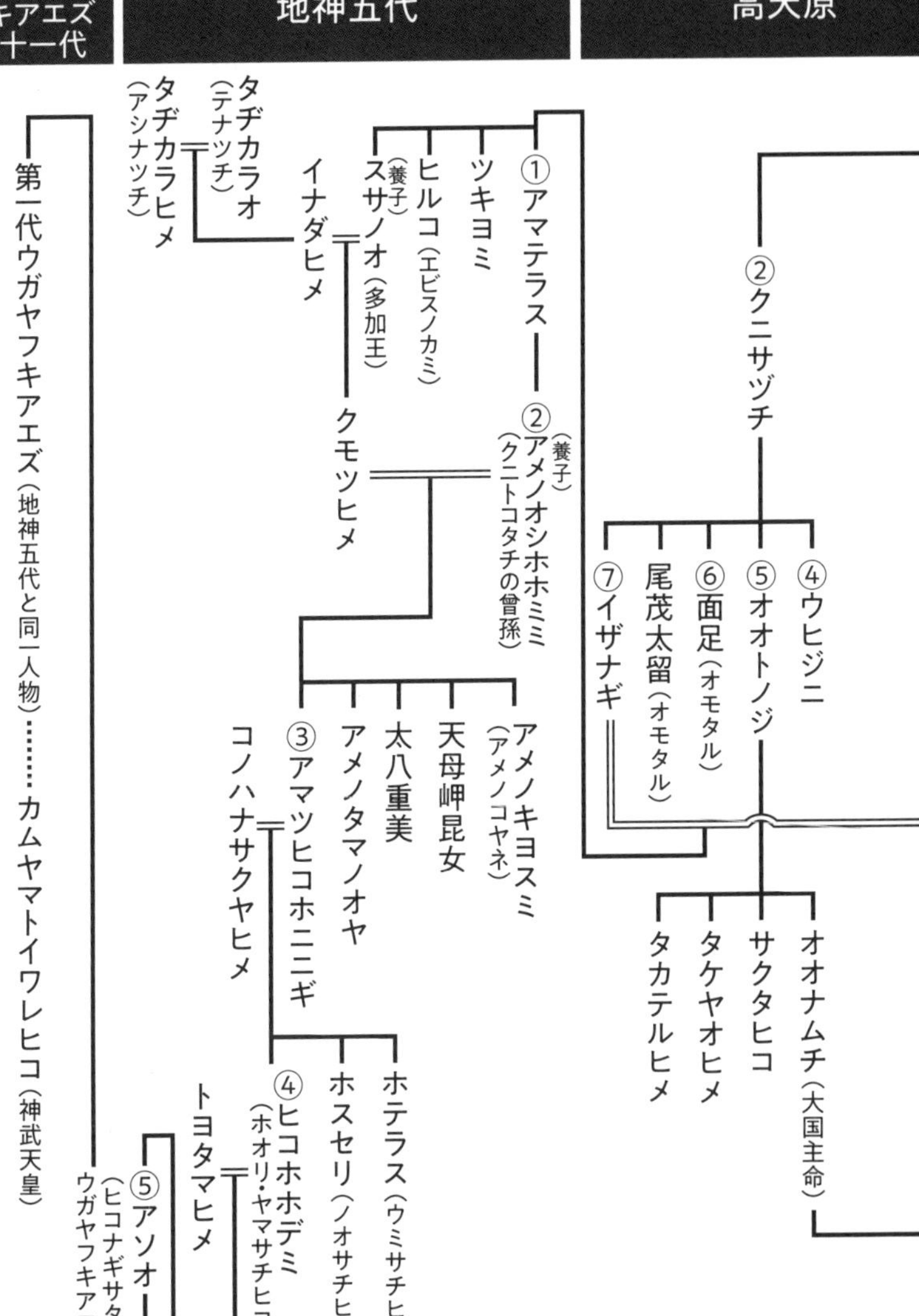

ウガヤフキアエズ五十一代
地神五代
高天原
タヂカラオ（テナツチ）
タヂカラヒメ（アシナツチ）
イナダヒメ
（養子）スサノオ（多加王）
ヒルコ（エビスノカミ）
ツキヨミ
①アマテラス
②（養子）アメノオシホホミミ（クニトコタチの曾孫）
クモツヒメ
②クニサヅチ
④ウヒジニ
⑤オオトノジ
⑥面足（オモタル）
尾茂太留（オモタル）
⑦イザナギ
アメノキヨスミ（アメノコヤネ）
天母岬昆女
太八重美
アメノタマノオヤ
③アマツヒコホニニギ
コノハナサクヤヒメ
オオナムチ（大国主命）
サクタヒコ
タケヤオヒメ
タカテルヒメ
ホテラス（ウミサチヒコ）
ホスセリ（ノオサチヒコ）
④ヒコホホデミ（ホオリ・ヤマサチヒコ）
トヨタマヒメ
⑤アソオ（ヒコナギサタケウガヤフキアエズ）
第一代ウガヤフキアエズ（地神五代と同一人物）……カムヤマトイワレヒコ（神武天皇）

この時代に最初の土器類が現われている。まず石をまるく並べて一方に口をあけてカマド型のものをつくり、土を水でねった凹んだ土器を上にかけ火を焚き、魚類鳥獣の肉などを煮、塩をつけて食べた。魚鳥類の油が土器にしみて固くなるのをみて、大竹を割って編んで中骨とし、真土（まつち）を水と諸肉の油でねり、両面から塗りつけ、日光で乾かし固めて大型の土器を作ることを始めた。煮えた食物を貝殻ですくって食べることも考えだした。

米、稗（ひえ）、粟（あわ）、黍（きび）などを凹んだ大石に入れ、木の丸太でついて皮をはぎ、土器で煮て食べることを始めた。煮たものをそのままにしておくと、日がたつにつれ青白色となり、さらに白赤色の液体に変わった。これを飲むと、心が開き気分がよくなった。酒の始まりである。

――これらの生活様式は、日本の新石器・縄文時代の初期を思い出させるが、舞台はまだ日本列島ではない。

この時代の神々の名は『記紀』にあるのとないのとが相半（あいなか）ばする。眷族の人口約三十五万。

三、高天原（富士高原）天神七代。――天之御中世十五代の最後の神はタカミムスビノカミといい、各種の草木を自ら試して、薬種を発見した。七人の御子があり、第五子はクニトコタチ、第七子はクニサツチであった。

四、地神五代。――イザナギ、イザナミの皇女アマテラスに始まる五代。

五、ウガヤフキアエズ朝五十一代。――五十一代目神皇の第四皇子が神武天皇である。

高天原（富士高原）天神七代の時代

タカミムスビノカミはクニトコタチ、クニサヅチ二人の御子に、「東海の海原に形も美しい蓬莱山がある。汝らはこれに天降って治めよ」と、命じた。

まずクニトコタチは一族の神々をひきいて、蓬莱山噴煙を目当てに渡航した。

しかし、一万七千五百日をすぎても復命がなかったので、父神タカミムスビは第七子クニサヅチを呼び、「クニトコタチの安否をたしかめるために、自分が天降るから用意せよ」と申された。クニサヅチは旅装を備え、父母両神を奉じ、一族三千五百人をひきいて、海を渡り、附島（対馬）、行島（壱岐）、休通島（隠岐）、佐渡島を経て能登に上陸した。それより原野と山地を通って苦難を重ね、ついに蓬莱山のある大高原に到着することができた。

高原には、湖あり、火の燃ゆる所あり、温泉もあって、草木は大いに繁茂してその実も多かった。まず、父神は小室の丘に御舎をつくり、ここに住んだ。蓬莱山は世に二つとない美しい山だったので、高砂の不二山と名づけ、頂上に火が燃え、また日に向かっているので日向高地火峰と呼び、常緑樹の多い所を青木ガ原と名付け、高原を高天原、また山の祖山という意味で阿祖山、阿祖谷、阿祖原などと呼んだ。

父神は先に派遣したクニトコタチを捜しもとめたが、ついに見つからないので、お悩みがつもり、高天原にとどまること一千五百日で崩御され、つづいて母神もお亡くなりになった。

一方、クニトコタチは蓬莱山が見つからなかったために、長く淡路（あわじ）島にとどまっていた。八方手をつくして、ようやく富士山を捜し出し、一族をひきいて山麓（相模（さがみ））まで来たとき、弟クニサヅチとめぐり会い、抱き合って喜んだが、父母神はすでに崩じたことを知り、ともに嘆き悲しんだ。

兄のクニトコタチは弟クニサヅチと相談し、国都を高天原に定め、国を東西南北の四国に分け、自分は阿祖北と阿祖西を治めることに決めて、一応淡路島にひきかえし、皇居を北に遷（うつ）そうとしたとき、北越地方に大賊が起こった。クニトコタチは但馬真伊原（たじままいばら）の桑田の宮に本営を移し、この賊を平らげ、各地の農民を大御宝（おおみたから）としていつくしんだので、西北の地方は平和に治まった。

クニトコタチは齢（よわい）十五万五千日で桑田の宮で崩御し、田羽（たは）山の陵（みささぎ）に葬られた。

弟クニサヅチが位を継ぎ、高天原にいて全国を治めた。

ミコトは黒石を火で烙（や）き溶かして鉄を製し、これを鍛えて剣その他の器具を造った。また部下の者に命じて、国々の渓谷、河原などから石剣を拾い集めさせて武器に用いた。

また雪で曲がった竹がはねかえるのを見て、手ごろの大竹小竹を切り、毛髪を弓弦（ゆづる）にし、鳥の羽を小竹につけて、弓矢を造った。竹で籠（かご）を編んで、油と水を加えて塗りつけ、火で焼きかためて大中小さまざまな土器をつくった。

アタツ山西南の金山の沢や河原で砂金砂銀を拾い集めさせ、国事に功を立てた神々に賞として与え、通貨の用をさせ、この砂金銀を勅命なくして隠匿し、みだりに使用する悪神は死罪、または手足の指、耳、鼻をそぎ、片目をえぐるなど、刑罰をきびしくした。

住居は、大小の木を切って、四方の壁・柱・天井などを藤蔓で結びつけ、外囲いは木の皮または大小の竹でかこみ、屋根は木の皮、鳥の羽、萱などで葺いた。

酒と塩の製法と大陸時代の天之御中世から始まった農業を改良した。稲は水田に、粟、稗、麦、豆類は岡畑に作り、種々の品々を腐らせて肥料とすることを世にひろめた。また皇后白清竜比女とともに、全国十八州と諸島を巡幸した。

ミコトは藤の皮を打ち柔らげたものを額に当て、髪の頂で結ぶことをはじめた。冠の始めである。天神一族の男神は髪の結玉に小さい丸木をさした。かんざしの始めである。女神は藤の皮を柔らげたもので毛髪をまとめ、藤の皮とともに背中のほうにたらした。また結玉に四季の草木の枝または花をさした。位の高い者、功績のある者は、髪に黒いカラスの羽根をさすことに定められた。

ミコトはとくに農業に心をそそぎ、富士山北麓の高天原湖（神代湖、大弓湖、後に三日月湖と呼ぶ）の水を西方に流して新しく田畑を開いた。山麓の湖は減水して、底大湖、剗の湖、小舟湖などに分かれた。現在の富士五湖ができたのは、後世の延暦噴火の後である。

クニサヅチは十五万三千六百日で崩じ、高座山西大沢の陵に葬られた。

その後、トヨクムヌ、ウヒジニ、オオトノジ、オモタルの治世を経てイザナギにいたったが、それぞれの皇后と、多くの皇子の名が挙げられている。

『古事記』で大国主命の国土経営の協力者として有名なスクナヒコは大国主の妹と結婚した。スクナヒコは外来の神らしいと言われているが、『神皇紀』では大国主とともに高天原の神である。したがって大国主も出雲の神ではないことになる。これは、後に述べる梅原猛氏の最近の新説と思い合わせておもしろい。オオナムチはオオトノジの第一皇子で、はじめ租税徴収の役をつとめていたが、後に大国主と名を改めた。

イザナギはクニサヅチの第五皇子で、皇后イザナミとともによく民を愛し、善政を行なったので「四季島第一の知者神」と崇められた。諸国巡幸の後、高天原の小室の穴宮に移って四方を治めた。まず国法を立てて、一洞一沢一組の頭を定めた。クニトコタチ、クニサヅチ二神の直系の子孫を天つ神と定め、その他の神々を国つ神とし、大政頭は天つ神の子孫、洞、沢、組の頭は国つ神の子孫を任命した。

親子兄弟の媾合を禁じ、長幼の礼を定めた。衣服は柏木の葉、芭蕉の葉、常磐木の葉を葛の蔓で縫い合わせて作った。諸神の首飾りを定め、上頭神は常磐木の実を藤の蔓で連ねたもの、中頭神は栗の実を、下頭神は樫の実を、天つ女神はナツメの実を、国つ女神はカヤの実を連ねて、それぞれ首飾りとした。

小室アタツ山の岩長（いわなが）の峰に、毎夜絶やさず火を焚いて、神祖神宗を祭った。世にこれを高燈（こうとう）という。

御齢十五万三千五百日で、イザナギ、イザナミの二神は相次いで崩御され、岩長の峰に葬られ、後に陵の前に社（やしろ）を造って、これを高燈大神と呼んだ。

以上は天神の時代であって、次に地神五代の時代がつづく。

地神時代のアマテラスとスサノオ

地神五代は女神アマテラスから始まる。この女神はイザナギ、イザナミの皇女で、またの名はオオヒルメ、当時の国名はトヨアシハラノミヅホノ国であった。

ツキヨミとヒルコ（蛭子）はともにイザナギの皇子で、アマテラスの兄弟である。ヒルコ（別名エビスノカミ）は四方の海をつかさどり、大室の剗の湖の北、日向（ひなた）山麓の浜に海守（わだもり）の宮を造った。これを竜王宮または竜宮という。――このあたりは『記紀』の記述とだいぶ異なるが、『神皇紀』に従ってそのまま書きとめておく。

アマテラスは善政を行ない、民の生活を向上させたが、スサノオの登場により、一時世が乱れた。スサノオはタカミムスビの曾孫で、大陸（おそらく朝鮮）に住み、多加王（たが）と呼ばれたが、部族千数百名をひきいて海を渡り、日本島に上陸して富士高原に登り、アマテラスを強制して、ミヅホの国を占領しようと企てた。だが、アマテラスがこれに応じなかったので、あらゆる暴行をはたらいた。

それにつづく「岩戸隠れ」の物語は『記紀』よりも簡略であるが、筋は同じである。ただ、アマテラスの再出現によって、四方の悪神も平らぎ、スサノオも改心して、忠誠を誓ったので、アマテラスは彼を許し、姉弟の契りを結び、オオナムチ（大国主命）とタヂカラオに警護させて、富士山北方の山陰の奥谷に追放した。この地は富士山の悪雲が吹き出す方向にあたっているので出雲国という。――現在の山陰の出雲地方ではないようだ。

スサノオはタヂカラオ、タヂカラヒメと協力して、佐渡島から金銀鉄を掘り集めて部下の剣刀知（金剣清の子）に命じて、宝剣八本、八太羽（八角花形）の鏡と宝珠を造らせ、これを奉じて諸国の賊を平らげて富士高原にかえり、三つの宝を献上して、四方平定のことを奏上した。

多加王がスサノオの名を、タヂカラオ夫婦がテナツチ、アシナツチの名を、剣刀知夫婦がカナヤマヒコ・ヒメの名を賜わったのはこのときであった。

オオクニヌシは諸国を巡行して農民に産業を教え、ヒルコは津々浦々の漁民に教えて、釣竿、釣糸などの漁具をひろめ、漁民の尊崇をうけて大海津見命と呼ばれた。

アマテラスは諸々の神の協力によって、産業を開発した。人民の生活もやや豊かになったので、まだ多く残っていた穴居の風を改めるために家屋の新しい築造法を広め、また各種の食器類を普及させ、衣服も改良した。人口もふえたので、各地の大原小原大洞小洞大沢小沢大組小組を廃して、大国小国大村小村を置き、国造(くにのみやつこ)、郷司(さとつかさ)、村長(むらおさ)を任命し、全国を十八州に分けて統治した。

アマテラスの御代についての記述はまだいろいろとあるが、ある部分は『記紀』と一致し、ある部分は異なると書いておくだけでよかろう。大いに異なっているのは、高天原が富士高原であるという点で、『記紀』の所在不明の「天上」ではない。スサノオが海を渡って富士山に押し登ってきたというのは、スサノオの故国を朝鮮半島とする一部の史家の学説に符合する。

スサノオを出雲へ護送して行ったのがオオクニヌシとタヂカラオだというのも、『記紀』の記述を先に信じてしまえば、とんだこじつけのように聞こえる。ただし、『出雲風土記』には『古事記』のスサノオ説話は出てこない。出雲神話は実は大和神話だという最近の学説と考え合わせれば、はなはだ興味深い。私とても、『神皇紀』のすべてを信じる者ではないが、「古事記以前の古事記」とも言えるこんな奇書が実在していることだけは紹介しておきたい。

外敵来襲とニニギノミコト

さて、アマテラスは御位をアメノオシホホミミに譲って、御齢十二万三千日で崩じ、富士山南麓の出崎島の陵に葬られた。

オシホホミミはクニトコタチの曾孫であるが、アマテラスの養子となり、スサノオの第一女クモツヒメと結婚して皇位をつぎ、トヨアシハラ地神第二代となった。

第三代はアマツヒコホホニニギで、『記紀』のニニギと同神か。この神は天資勇武、つまり乱暴な青年で、徳を修めようとしないので、アマテラスは生前、彼を外祖スサノオのもとに送って訓練と教育を托した。スサノオの死後、富士高天原に帰り、コノハナサクヤヒメと結婚して皇位をつぎ、神都を家基都（かきつ）に定めた。

即位後まもなく、西北の大陸から大軍が筑紫（ちくし）島に来攻したという急報があった。ニニギはタケサタヒコを総軍司令とし、フツヌシ、タケミカヅチ、タケミナカタを軍将とし、自らは皇后を伴い神剣、神宝をたずさえ、軍勢十万八千人をひきいて西国に赴き、外敵をふせいだ。

だが、敵は大軍で、侵攻の規模も大きく、筑紫島をおかし、さらに南島（今の四国）にも移動したので、皇后コノハナサクヤヒメは自ら陣頭に立ち、アヂシキタカヒコ、オキタマを副将とし、軍勢八千五百をひきいて南島に転進し、奮戦した。

ニニギは対馬と壱岐にアメノタナガオとタナガヒメの夫婦神を派遣して守らせたが、敵の勢い強く、両神とも壱岐の石田（いしだ）の原（はら）で戦死した。その長子コトタケオは、ニニギの命令により軍兵八千をひきいて島の北方より上陸し、賊の大軍と弓、石、木棒、焚火など用いて戦うこと千二百十日に及んだが、勝敗は決しなかった。

次男コトイズオと三男コトチカラオは対馬に上陸し、奮戦すること一千日、ともに戦死して対馬に葬られた。壱岐の兄神コトタケオもやがて戦死。筑紫島でもタケサタヒコが松浦の港を守って戦ったが、ついに破れて陣没した。

ニニギは諸国の軍勢を集め、筑紫島の港々を占領した外敵を撃退するため進発した。わが軍は港々で燃え木を敵船に投げ入れて焼きはらい、上陸した敵兵を弓攻め棒攻めでみな殺しにした。焼け残った敵船は逃げ去り、また南島の敵軍も約一ヵ月後に降伏したので、ようやく平和がかえってきた。

ニニギは南島に渡航してコノハナサクヤヒメと再会したが、皇后が臨月に近い様子だったので、これを疑い、そのまま筑紫島に帰ってしまった。皇后は「恐ろしくも悔やしき疑いなり」と言い、タカテルヒメとシモテルヒメを従えて富士高天原に帰られた。サクタヒコ（『記紀』のサルタヒコ）はこれを見て大いに心配し、アメノキヨスミとともに後を追った。

皇后は高天原に着くと、「わが腹中の御子、生あらばよく記せよ、汝は天の下に一神なるミコトの胤（たね）なるぞ、われ火中に投ずるも、生を保ちてミコトの疑いを晴らしたまえ」と言い、小室の真砂（まさご）島に無戸室（うずむろ）（戸のない家）をつくり、その中で三皇子を産み、室の四方を土で塗り固め、自分は大鹿に乗り、青木ガ原の噴火口に身を投げた。後を追った侍女たちもつぎつぎに火口に身を投じて殉死した。

サクタヒコとアメノキヨスミはそのあとで高天原に到着して変事を知ったが、無戸室の中で子どもの泣き声がするので、屋根を破って助けだし、タカテルヒメ、シモテルヒメに養育を託した。アメノキヨスミは屋根を破って御子を救ったので、これよりアメノコヤネノミコト（天児屋根命）と呼ばれた。

ニニギノミコトはアメノコヤネの急報をうけて大いにおどろき、筑紫島をシオツチオとコトシロヌシに、南島をオキタマに、周防（すおう）・下関（しものせき）をタマハシラヤに守らせ、その他の諸将を従えて、高天原に帰った。

まず皇后が身を投げた岩穴から姫の魂魄（こんぱく）のとどまった霊石を掘り出させて、金山の峰の陵に葬り、三人の御子には皇后が噴火口に投じたことにちなんで、ホテラス、ホスセリ、ホオリと名づけた。また外寇（がいこう）を平定した諸神の論功行賞を行ない、アメノフトタマの子孫一族を祖家（そが）（蘇我）と名づけて大政をつかさどる家と定め、アメノコヤネの子孫一族を物部（もののべ）と名づけて軍事をつかさどる家とした。

三皇子が成長するにつれ、その顔が自分によく似ていることを認め、ミコトは疑いが無根であったことをさとり、皇后を追慕して、ついに気欝（きうつ）の病にかかり、御齢一万五千百十五日で崩御し、皇后と同所の陵に葬られた。

海幸山幸物語と九州遷都

三皇子のうちホテラスは海狩を好み、ウミサチヒコと呼ばれ、ホスセリは農作を好み、ノオサチヒコと呼ばれ、ホオリは山狩を好んでヤマサチヒコと呼ばれた。『古事記』の「海幸山幸」の物語はここにでてくるが、舞台は富士山麓の北、底大湖になっている。兄神の釣針を失った弟神は剗の湖の竜宮に赴き、竜王ワタハダネヲキ（エビスの嫡孫（ちゃくそん））に頼んで謝罪したが、兄神は許さず、大軍を発して弟神と竜王を攻め殺そうとしたので、高天原の神々は義兵を起こして弟神を助け、兄神を底大湖の西北の原野に追放した。弟神ホオリは皇位をつぎ、第四代ヒコホホデミノミコトとなった。底大湖も剗の湖も、その後数度の噴火によって消滅し、今は富士五湖に代わっているが、竜宮という地名は山麓に残り、現在の観光地図にものっている。『古事記』の「海幸山幸物語」と比較してどちらが原型であるかは、後人の研究に待つ。

ホオリすなわちヒコホホデミは竜宮にとどまること千三百十四日、海神の長女トヨタマヒメをめとり、アメノコヤネに迎えられて小室の宮に還御して、三品の大御宝を奉じて即位した。

そのとき、皇后はすでに懐妊中で、産み月も近いと申されたので、ミコトは宇宙湖（うつのおおみ）の岸に産殿を作らせ、これを宇浜宮（うはまのみや）と名づけたが、その屋根を葺き終わらぬうちに皇子が生まれた。ミコトは大いに喜んで、これを阿祖男（アソオ）と名づけた。すなわち初代ウガヤフキアエズノミコトである。

しかし、トヨタマヒメは出産中にミコトが産室を訪ねたことを恥じて、ひそかに加茂（カモ）山の岩穴にかくれ、そこでお亡くなりになった。このあたりも、『古事記』とはだいぶちがう。ミコトは後にアメノコヤネの長女カキツヒメを立てて皇后とした。

ミコトは南海、西海の内乱を平らげ、諸神を分駐させて、大いに国政を整えたが、即位より二万五千百十三日の夜、シコオが分駐していた筑紫島より早馬で駆けつけ、西大陸より再び大軍が来襲したことを報じた。

この再度の外寇が富士高原から九州高千穂（たかちほ）への遷都の原因になった。『富士古文書』は富士山麓神話の色彩が強く、『上記』は九州神話の色が濃厚だが、ここで初めて両者がつながる。すなわち、大陸からの外寇を防ぐために、富士高原から九州への遷都が行なわれたことになっている。

ヒコホホデミは家基都の宮に天つ神と国つ神を召集して会議し、

「筑紫島は大陸に近いため、しばしば外寇を受けている。神都を筑紫にうつして、国内を治めつつ外寇を防ぐのが、最良の方法であろう」

と申され、諸神の賛同を得たので、皇位を皇子（初代ウガヤフキアエズ）に譲り、これを筑紫島に赴かせて新都を作らせ、自分は旧都富士高原にとどまり、ここで崩御された。

新帝ウガヤフキアエズは、出発にあたって伯父ホテラス（海幸彦）の追放を勅免して、西征の総元帥とし、タケミカヅチ、フツヌシ、タケミナカタ、ワカタケを副将とし、二万八千余の軍勢をひきい、まず穴門（長門）の周防の宮にお着きになった。各地の軍勢が日々に加わり、十万余になったので、士気大いにふるった。ここより軍勢を二手に分けて、ホテラス、タケミカヅチの軍勢五万余人は筑紫島東の水門から、第二軍ホスセリ、フツヌシの五万余人は南の水門から攻撃を開始した。

これより先、スクナヒコの嫡孫アソタケルは婦神アソヒメとともに水軍をひきい、賊の船隊と戦い、大いにこれを破ったが、燃える敵将の船に飛び移って両神ともに戦死し、彼我の軍船はすべて全滅してしまった。

ホスセリのひきいる南方軍は上陸して賊の大軍と戦い、激闘六百五十日、ついに賊軍を西北方面に追いはらうことができた。そこで、本営を日向高千穂峰の北方の阿曾山に移し、これを新都と定めた。第二の高千穂も富士山と同じく日に向かった高千火の峰（火山）であったから、同じ名を用いた。これより、旧都富士高天原を天都といい、九州高千穂・阿曾の都を新都と呼んだ。

新宮殿もまだ完成しない先に、ホテラスの北方軍は神皇を奉じて箱崎の水門から上陸して、新都にお着きになった。これよりウガヤフキアエズという同じ諡を持つ神皇（生前の呼び名はそれぞれちがう）の治世が五十一代つづくのであるが、各神皇は即位ごとに富士高天原の天都に上り、大御神の神託をうけ、三つの宝器をささげて大御位（おおみくらい）を授けられることに定められた。

――『神皇紀』にはウガヤフキアエズをウガヤフジアワスとも書き、旧都のフジ山と合わせた国の神皇という意味を持たせている部分がある。これはいかにもこじつけに聞こえて、『富士古文書』偽書説のもとになりそうだが、ここではそのままに書きとめておく。さらにくりかえすが、ウガヤフキアエズ「王朝」五十一代、または七十数代の継続が『上記』、『富士古文書』、『竹内文書』に共通している点、その背後に縄文時代約七千年の歳月が、戦後の考古学の結論として存在していることに注目すれば、『記紀』の神系譜は短すぎるようだ。

クニトコタチに始まる天神七代、アマテラスに始まる地神五代にウガヤフキアエズ朝五十一代を加えて、その平均在位期間を現代風に三十年と想定すれば、神武天皇以前に六十三代、千八百九十年の時間があり、それに神武天皇以後の二千五百年または二千年を加えれば、天皇の発生はちょうど縄文中期、その最盛期にあたることになる。右の古文書の作者または編者が最近の考古学を知っていたわけではないのだから、三書に共通する年代の延長は何か共通の根から発しているという気がする。『神皇紀』本文には「神皇五十一柱、在位二千二百八十七年、神后摂政二十五柱、四百五十四年。二千七百四十一年にして、人皇の世となる」とある。

ウガヤ朝の重要事件

ウガヤ朝五十一代の治世に起こった重要事項と思えるものを列挙しておく。

第一代のとき、筑紫島の外敵を撃退し、その後の内乱を平定するまでに一千五百日を要した。陸軍の本陣を阿蘇山に置き、海軍の本陣は豊（とよ）の国の宇佐（うさ）に設け、サツマの港、ナガサキの港、ツシマとイキの島にも分営を置いた。

新都のある高千穂峰は、『神皇紀』でも、『上記』でも、同じく豊後（ぶんご）境にあったようだ。ホテラスが三種の神宝を富士高原から日向の長井（ながい）の宮に移し、後に可愛岳（えなだけ）の山陵に祭ったという記事があるが、この長井も可愛岳も、西郷隆盛（さいごうたかもり）の軍が最後に落ちのび、鹿児島に脱出した豊後境の長井村と可愛岳であって、薩南の霧島（きりしま）山ではない。

この御代に国法と暦法を定め、またイシツクリキノカミが石を平らにみがき、政事に使用する文字を彫（ほ）って献上した。これは天之御中世（大陸時代）のタカミムスビノカミがクニトコタチとその子孫に教え伝えた古代文字であったという。

第三代ウガヤフキアエズの御代に、富士高原のオオタケチヒコ、ツヨスジタケル兄弟（ホスセリの孫）が本州中部、東南の天つ神、国つ神を語らい、神都回復を企てて反乱した。スサノオの後裔（こうえい）であるタチトヨオオイヅは剛勇（ごうゆう）な四人の神を従えて、暴風雨の夜の闇に乗じて家基都の宮に忍び入り、オオタケチヒコ兄弟を打ち殺して乱を平らげた。

四代より十一代にいたるまではとくに記すことは起こらなかったが、十二代の治世に、またまた西大陸より大軍来寇し、この撃退には七年百八十五日を要した。

十三代の治世には天下不作で五穀実らず、諸国に内乱があり、十四代には西大陸の敵が対馬と壱岐を占領したが、どちらも大乱にいたらずおさまった。

二十四代に再び外寇があったが、暴風雨によって敵船が沈没し、戦いにならなかった。

二十五代に本州に飢饉があり、二十七代のとき本州南陸に大賊が起こった。飢饉の記事はその後の各治世にもしばしば現われている。

三十三代の第三十六年、殷の紂王が周の武帝に滅ぼされ、紂王の第三子対馬王が臣武丁に守られて対馬に漂着し、この島に住みつき、殷国の暦を神皇に奉った。このときから以前は附島と呼ばれていた島が対馬と改められた(殷の滅亡は、現在の年表によれば紀元前一千年である)。

三十六代のとき、またまた外寇があった。四十一代の十三年、南海に海賊蜂起し、大いに農民を苦しめた。北陸に疫病が流行した。四十二代のときにも本島一円大不作で盗賊が蜂起したが、神皇は各地を巡幸して、これを平らげた。

四十九代の即位七年、本州南部に白木人（新羅はまだ建国していなかったから、辰韓人のことだという説がある）が上陸し、土蜘蛛と語らって乱を起こした。この乱はやがて平らげられたが、これは、後のナガスネビコの乱の先駆と見るべきであろう。同十九年、南島（四国）に大地震があった。
五十一代の六年六月二十日に全国に大地震が起こり、山岳は崩れ、大地は裂けて黒泥を噴出した。つづいて飢饉が起こり、国内が騒然となったので、神皇は四方を巡行して各地の農民神（部族の頭(かみ)）を説いて貧農の救助につくした。

神武天皇、ナガスネビコの乱を平定す

ナガスネビコの反乱が起こったのはウガヤ朝第五十一代神皇の即位三十六年の六月であった。首領はマガツワタリで皇胤(こういん)マサカツヒコを奉じ、木山（紀州、大和）の豪族ナガスネビコが反乱の総司令となった。ひそかに白木国と結んで、その援軍を得たという点も、反乱と東征の大筋も『上記』、『記紀』に似ているが、細部は多少異なる。

賊ははなはだ強大で、本州各地はすべて賊地となったので、九州からの征討軍は軍船二百六十艘(そう)をつくり、海路をとらざるを得なかった。皇軍は苦戦し、皇太子のイッセノミコトは戦死し、イナイイ、ミケヌイリヌ二皇子が白木の水軍と戦って入水戦没したこと、東国巡幸中の神皇（第五十一代）が伊勢まで帰られて陣中で崩じたことは『上記』と同じである。征討軍は第四皇子サヌノミコト（後の神武天皇）によって指揮されたが、母の神后タマヨリヒメが慣例により摂政となり、十四年間九州高千穂宮で政務を見られた。

皇太子サヌノミコト（神武）は苦戦に苦戦を重ね十数年を費やして、ようやくナガスネビコを誅し、大乱を鎮めることができた。

「東征の起こりてより平定にいたるまで、皇軍の戦病死者皇族七神、将校三十八神、兵卒二万五千余神、内病死者五千余神にして、賊軍の戦病死者、将校六十八賊、内病死十三賊、兵卒六万八千余、内病死者一万五千余賊なり。また、白木軍の戦病死者およそ一万五千余、周国（シナ大陸の周）の援兵およそ五万余なりという」と、『神皇紀』は記している。

摂政タマヨリヒメも高千穂宮で崩御し、大乱も鎮まったので、サヌノミコトは大和橿原に仮の皇居をつくり、富士高天原阿祖大神宮の勅使を乞い、カムヤマトイワレヒコの名を賜わって即位の礼を行なった。この日を紀元元年辛酉二月十一日と『神皇紀』は記しているが、辛酉は『日本書紀』以後のもの、二月十一日は明治五年以後の紀元節であるから、これは『富士古文書』複写の中でも新しい複写者の勇み足であり、偽書説の重要根拠の一つであろう。年代や数字についての、この種の勇み足は『神皇紀』の随所に見られるが、一方に『上記』が存在し、同時に縄文時代約七千年の考古学的年代があるかぎり、全編を偽書と断じ去ることはできない。

天孫族は、いつ渡来したのか

人類学者と地質学者の学説に従って、日本列島に人類が住みはじめて少なくとも十万年、その後、第四氷河期の解氷によって、人類が洞穴からはい出して、新石器時代にはいり、次第に増殖して、原日本人という単一人種に融合しつつ約一万年近い生活史を持ったことを認めれば、「古事記以前の古事記」、「神武天皇以前の天皇」の存在を想定することは、必ずしも空想とは言えまい。

『上記』でも『記紀』でも、いわゆる天孫族の日本渡来の時期と経路は不明のままである。神々の原住地「高天原」は漠然としていて、近世の学者の間では海外説が強く、シナ大陸、朝鮮半島、シベリア、南方諸国、または中央アジアだと各人各説であるが、『神皇紀』に「天之世」七代と「天之御中世」十五代の神々は日本国外に住んで原始的な生活を送っていたことが明記されているのは興味深い。

第十五代のタカミムスビが第五皇子のクニトコタチを大陸から日本列島に派遣したが、復命がないので、第七子のクニサヅチとともに対馬、壱岐、隠岐、佐渡の島々を経て富士高原に到着し、ここを高天原と名づけ、日本統治の首都としたという記述は、たいへん「合理的」説明である。

対馬、壱岐には朝鮮半島からも大陸からも南方諸国からも来れる。しかし、天孫族が外来の種族とすれば、おそくとも縄文中期、すなわち五千年前の渡来ということになる。しかし最近の人類学者は発掘された人骨と血液型を調査して、エゾ（アイヌではない）もクマソも異人種ではなく、日本は古代から一人種一民族の国であったという結論を出している。もちろん混血は行なわれたであろうが、原日本人の数が多かったために、縄文中期渡来の天孫族も、飛鳥、奈良時代の帰化人の血も原日本人に吸収同化されてしまった。漢字と漢文を用いながらも、日本語の根本構成は古代から変化していないのがその証拠だと言われている。

第五章　『上記』の編纂史と古代文字

古代の秘密を語る『上記』

それでは『記紀』以前の日本古代史を語るもうひとつの重要な古文書『上記』について、このへんで紹介することにする。

『上記』が大分図書館に秘蔵されていることを知って驚いたのは、昨年（昭和四十五年）の初めであったか、中里義美翁が雑誌「日本及日本人」に発表された文章によってであった。驚いたというのは、私が大分市の生まれであるからだ。中学生時代には県立図書館にはよく通ったものだが、そんな古文書のあることは中学の先生も知らず、図書館員も教えてくれなかった。篤志の研究家のグループはあったようだが、この古文書は一般人の目にふれず、ほとんど忘れ去られて書庫の奥深く眠っていたわけだ。

これが再発掘されて改めて問題となりはじめたのは戦後のことらしく、大分の郷土史家たちと中里義美翁の功績である。八十歳の中里翁は『上記』の研究に半生を捧げられた篤学の士で、これを信じること厚く、『富士古文書』も『竹内文書』も、『上記』をつづり合わせた偽書にすぎないとまで断言されるが、それはまた別の問題として、私としては、『上記』について目を開いてくださったことを中里翁に感謝したい。私はまだ大分図書館の『上記』原本を見ていないが、明治十年に大分県人吉良義風が古代文から現代文に移して出版したものを、さらに昭和十五年に島田晴光が謄写版で印刷頒布した『上記鈔訳』をはじめ、いろいろな貴重な文献を中里翁から拝借することができた。

大分の「古文献保存委員会」の報告によれば、右の『鈔訳』は「拙速なダイジェストであり、原典の読み違え、意味とりの誤りが多く、フィクション的部分があるから偽書と言われても仕方がないが、原文の古代文字に大凡の読みをつけようとした努力は認められてよい」とある。

私はすでに老齢、今から古代文字解読の力を養うことはできないので、中里翁と門弟諸氏の完訳の一日も早からんことを願いつつ、『鈔訳』の内容の大略と『上記』の編纂者大友能直公のことを読者にお伝えしたいと思う。

大友能直は薩摩島津家の祖先とともに、源頼朝の庶子であり、豊前豊後両国の最初の国主に任じられた、今から約八百年前の人物である。深く学問を好み、とくに国史に興味をいだき、古老を招いて民間の伝承を聞き、埋もれた古文書を探り、家臣の中の学者秀才を集めて史局のごときものをつくって、『上記』四十数巻を編集し、自ら序文を書いた。家臣の学者の中には大分出身の彫刻家故朝倉文夫氏の祖先、朝倉入道舜臣の名もあり、生前の文夫氏自身も『上記』

の熱心な研究者の一人であった。

大友能直公の墓は、現在の大分県竹田市から二里ほど離れた村の廃寺に残っている。中里翁は竹田図書館長で郷土史家の北村清士氏の案内でこの墓に詣で、その荒廃ぶりに思わず落涙したと書いている。なお、中里翁によれば、大分図書館所蔵の『上記』は、今は散逸して二十数巻となり、約百年ほど前に再複写されたものらしいという。すべて古文書は百年ぐらいで複写されなければ保存できないのであろう。

雑誌「祖代」（三十四年十一・十二号）に発表された「古文献保存委員会」の報告によれば、『上記』の編集は貞応二年（鎌倉時代――一二二三年）で、能直の長子大炊輔親秀の下に七人の家臣が集まり、全国各地から古代文字または古文で記された史料を集め、これを四十四巻にまとめた。

参照引用された古文書は、次のとおりである。――『高千穂大宮司伝書』、『同国主元天雄之伝書』、『常陸国新治郡富田家文書』、『出雲国造上世紀』、『常陸国鹿島国造文』、『伊豆加茂三島之伝書』、『尾張中島逆手記』、『伊勢度会文書』、『摂津住吉大余坐記』、『肥後八代県文』、『阿波田村記』、『薩摩霧島記』、『越白山舟人記』、『筑前筑後老家文』、『豊前豊後老家文』。

これらの書名は読みやすいように漢字をあてはめたが、原文はほとんど古代大和言葉と古代文字によって記されたものだ、と「報告書」は述べている。これらの古文献の中には、『古事記』が編集されたときに、太安麻侶が稗田阿礼に記憶暗唱させた『帝紀』、『旧辞』の類、また『日本書紀』の「一書に曰く」の原本もまじっているのではないかと、「報告書」は推測しているが、それを考証する力は私にはない。なお、大分県には古くから稗田の姓を持つ家が多いと「報告書」には書いてあるが、この同じ姓または地名は、現在の大和のみならず全国に残っているから、阿礼が大分県出身だとまでは言えない。

用語は古代大和言葉、後期大和言葉、万葉風または漢文訓読風などさまざまである。文字も俗に言う豊国言葉、越文字、古仮名文字、かなぎ文字など、現在使われている文字とは異なった、多種類の古代文字が使われているという。

平田篤胤の古代文字存在論

ここで、日本の古代に文字が果たしてあったかどうかが問題になる。

「上古の世、いまだ文字あらず、貴賤老少、口口に相伝す」と断定したのは斎部広成の『古語拾遺』である。これに対して、平田篤胤は『記紀』に用いられた漢字仮名以前に日本固有の神代文字のあることを初めは疑っていたが、やがてその存在を信じるようになった。彼は『古史徴』の開題記に「神世の字の論」という一節を設けて、現在各地の神社に伝わっている古字の中には偽字もあろうが、古代の真字もあるにちがいないから、なお詳しく研究してみる必要があると述べた。

その後、門弟佐藤信淵らの助力を得て、鹿島神社、大神神社、弥比古神社、鶴岡八幡宮、法隆寺などの書庫に伝わる古文書や写本『肥人の書』、『薩人の書』などを比較研究した。一時は、朝鮮の諺文またはインドの梵字だという説に迷わされかけたが、『肥人の書』には真字（楷書）と草体（草書）があり、諺文には草体はないことに気がついて、諺文でも梵字でも漢字でもない神代文字の実在を主張する『神字日文伝』と『附録疑字篇』（篤胤全集第十五巻所収）を書いた。

篤胤によれば、神代に文字のあったことを認めた近世の学者は新井白石である。神代から伝わったといわれる竹簡に漆で文字らしいものを記したのが出雲大社と熱田神宮にあるが、白石はこれが神代の文字だとすれば、『古語拾遺』の著者のように「上古に文字あらず」と断言することはできない、と言っている。ただし、これらを秦の徐福が持ってきた尚書（経書）の中の一部だというのは信じがたい、いわゆる神代文字には五種あるが、シナの蝌蚪書（オタマジャクシ形の古代文字）や鳥篆（鳥の足跡形の文字）に似ていて、『肥人の書』も『薩人の書』もともに解読し得ない。ただし、これを朝鮮伝来の諺文の変形とみるのは誤りだ、というのが篤胤の説である。

篤胤はまた、大江匡房が『古語拾遺』の断定を信じて、「わが朝、初めて文字を書し、結縄の政に代えたのは応神天皇の治世であった」と書いているのはもってのほかだと怒って、尾張興正寺の僧諦忍の次のような激語を引用している。

「腐れ儒者ら、なんすれぞみだりに頑口をひらきて、知らざるを知らずとなさざるや。本邦上古に文字ありしこと、青天白日の如し。何の疑いかあらん。然るに広成、匡房の輩、深く考えず、上古に文字なしと言えるは無稽なり」

しかし、篤胤は師の本居宣長が『古事記伝』の巻首に、「大御国もと文字なし、いま神代の文字などというものあるは、後の世の人の偽作にて、言うに足らず」と明記してあるので、「神代文字実在論」の主張には慎重であった。彼の考証がきわめて用心深いものであることは、原文について見ていただきたい。

彼の結論を要約すれば、

一、わが国には漢字の輸入以前に神代文字があった。

二、インドの梵字、または朝鮮の諺文だというのはあやまっている。諺文は朝鮮の荘憲王が、日本の神代文字の古く彼の国に伝わっていたものを参考に作ったと思えるふしが多い。

三、『日本紀』に「『帝王本紀』に多に古字あり。……推古天皇の御宇に、聖徳太子、初めて漢字をもって神代文字の傍らに附く」とあり、また卜部家の旧説に、「欽明天皇、わが国の文字をやめ……韓（漢）字のみ通用すべしと勅し、カミヨという和字を神代、アマテラスに天照の二字をつけしめた」とあるが、ともに一考に値する。

四、神社などに伝わっているすべての古字を神代文字というのは強言であり、「いろは歌」、「アイウエオ五十音」なども上古のものではないと考えられるが、ヒフミヨにはじまる四十七音は他国に例がないから、神代のものであろう。ただし、千年万年ものあいだ、転写に転写をかさねたものであるから、現在の古文字は上古の形を失ったものが多かろうと説く者の説は一概には捨てがたい。

『神字日文伝』の下巻では、出雲大社、箱崎宮、大神神社、弥比古神社、鹿島神社、その他数十ヵ所の神庫に伝わっていたという草書体の四十七音を考証し、さらに別巻『附録疑字篇』を書き、神代文字と称せられる約五十余種類を列挙して、これらは後世の疑字であろうと言い、「信用するとせざるは、人々のまにまに、余の知らざることにこそ」と付記している。

しかし、篤胤が集めて研究したものは神代文字の字母だけであって、その文字によって綴られた記録ではなく、もちろん『上記』にも『富士古文書』にもふれていない。字母がある以上は記録もあっていいはずだが、博覧博識の篤胤の研究がそこまで及ばなかったのは残念である。

「神武」以前に、七十数代の天皇がいた

私自身も古代文字はおそらく存在していたろうと考える。漢字が渡来し、それを仮名として『古事記』、『万葉集』などが書かれたのは八世紀以後であり、それ以前に約六百年の弥生時代があり、さらに約七千年の縄文時代があったのだから、この長年月のあいだのどこかの時点で、

文字に近いものが発生したと考えるのが順当である。新石器と縄文土器の時代は人間の時代であって、類人猿や原人の時代ではない。一万二千年前の第四氷河期が終わると、温暖な時期が来て、植物も繁茂し、食用の動物もふえたので、千年か二千年の間に、人口もかなり増加したことであろう。先に引用したイギリスのクラークとピゴット両教授は「新石器革命」という言葉を用い、この時期に世界の各地に「古代高文化」が発生したと説いているが、日本列島もその例外ではなかったのではないか。

　現代日本でもっとも前衛的で根源的（ラディカル）な画家岡本太郎（おかもとたろう）君は縄文文化の賛美者の一人であるが、著書『原色の呪文』の中で次のように述べている。

「はじめて縄文土器を突きつけられたら、その奇怪さにドキッとしてしまう。どこの野蛮人が作ったんだろう、ものすごい、へんてこなものだ、と思うにちがいありません。それこそじつは日本人、正真正銘のわれわれの祖先の作り出したもの、大切な文化の遺産なのだと聞くと二度びっくり……」

「じっさい不思議な美観です。荒々しく不協和音がうなりを立てるような形態、文様。そのすさまじさに圧倒される。はげしく追いかぶさり、重なりあって、突き上げ、下降し、旋回する隆線文（りゅうせんもん）。これでもかこれでもかと執拗にせまる緊張感。しかも、純粋に透（とお）った神経の鋭さ。

　とくに爛熟（らんじゅく）したこの文化の中期（約五千年前）の美観のすさまじさは、つねづね美術の本質は超自然的なはげしさだと言っていやったらしさを主張する私でさえ、思わず叫びたくなる凄みです」

昨年の夏、日本三大遺跡の一つといわれる信州の平出遺跡を見に行ったとき、そこの老館長さんが私に向かって、

「奇妙なことですなあ。縄文土器に興味を持つ人がだんだんふえてきましたが、その人たちは、ここに一緒に陳列してある弥生時代や古墳時代の遺物には、ふり向こうともしませんな」と苦笑したのを思い出す。

これらは縄文の魅力にとりつかれた人々である。たしかに、岡本君の言うとおり、縄文土器に接すると、私たちは「からだ中がひっかきまわされるような気がして、やがてなんともいえない快感が血管の中をかけめぐり、モリモリ力があふれ、吹き起こるのを覚える。たんに日本、そして民族に対してではなく、もっと根源的な、人間に対する感動と信頼感、したしみさえひしひしと感じ取らせてくれ」、その魔力は、私たちの心の髄をつかんでしまう。私たちの中に永く眠っていた遠い祖先の血と熱情を目覚まし、湧き立たせるのである。

縄文時代と弥生時代のあいだには文化の断絶があるのではないかという疑問が、一時学界に有力であった。縄文土器は現代日本人とは異なった人種によって作られたものではないか、と考える学者も少なくなかった。日本の伝統はなごやかで繊細なものだという先入観があったために、弥生土器や古墳期の埴輪などの優しい美しさは認めても、縄文文化の野性には反発する

茶室的趣味人や伝統主義者が多かった。それが学問的衣装をまとうと、縄文人アイヌ説や、弥生古墳時代以後は大陸から侵入して日本を征服支配した異民族の「高文化」だという学説が生まれる。先に挙げた衛挺生博士の「徐福神武天皇説」や、一部の学者の「神武天皇は実在せず、朝鮮から来た応神天皇が日本建国者であった」説や、最近の江上教授の「騎馬民族説」などは、この断絶感の中で生まれた仮説だとみることができよう。

幸いに、最近の考古学と人類学の発展はこれらの奇説を否定し、縄文文化は原日本人の創造物であり、「天孫族」の大陸からの渡来はたしかにあったらしいが、それはおそくとも縄文中期（五千年前）であり、しかも、この外来種族は先住の原日本人と同種に近かったために、政治的支配も混血も文化的融合も比較的なだらかに、すみやかに行なわれたらしい、という学説のほうが有力となってきた。したがって、天皇の原型の発生も、少なくとも五千年前で、日本の歴史は『日本書紀』推定の二千六百年どころではなく、その約二倍の歳月を持ち、神武天皇以前に約五十代または七十代の天皇、または「神皇」がいたという『富士古文書』と『上記』の記述が重要性を持ってくるのである。

ここで、もう一度岡本太郎君の言葉を引用しておきたい。

「伝統とは似たような形式をくりかえすことではありません。われわれが縄文土器のあの原始的なたくましさ、純粋さにふれ、今日瞬間瞬間に失いつつある人間の根源的な情熱をとりかえすならば、新しい日本の伝統がより豪快不敵な表情をもって受けつがれるのです。そうありたい」

岡本君は、ただの画家ではない。長いフランス留学のあいだソルボンヌ大学で人類学と考古学も研究し、帰国して大陸前線に出征し、日本という国を再発見した思想家行動者であり、すなわち伝統創造者である。

古代文字の発生とインカの結縄

さて、再び古代文字の話にかえる。大友能直の『上記』編纂は『古事記』より五百十一年、『日本書紀』より五百三年、『古語拾遺』より四百十七年おくれて行なわれたが、おくれて行なわれたから「偽書」だという論は学問の世界では成り立たない。古代には語部（かたりべ）という特殊な口伝者がいたことは明らかであり、沖縄や北海道アイヌの中には今でもその残影が残っているが、通常人の記憶はせいぜい百年を限度とするという。そこで当然記録が必要となってくる。言葉の符牒（ふちょう）としての文字の工夫と発明が諸民族の遠い古代に行なわれるのであるが、その文字もまたしばしば中途で埋没消滅してしまうことが多い。大友能直が自ら書いた『上記』編纂の序文には、「日本古代の真仮名も、いつの世からか忘れられ、漢字に取ってかわられたこと」を嘆いて、自分は微力をつくして各地に残る漢字以前の古文書を集めたと述べている。ここで真仮名というのは吉備真臣（きびのまおみ）が漢字の略体としてつくったと伝えられる片仮名のことではなく、形仮

（右上）明治十年発行の吉良義風訳、『上記鈔訳』の表紙。原本を現代文に改め出版した。

（右下）大友能直が『上記』編纂のときに集めた古代文字。日向国臼杵郡岩戸村出土の石蓋。

（左下）『鈔訳』にのっている右の訳文。

右譯文
夫御酒瓱水瓱御食瓱○○是ノ器ハ　大之明之尊是
ノ天之岩戸ニ籠生時ノ遊ノ供ニ奉ル一ノ大御鏡ハ
皇大御神ノ御璽ト為テ天之岩戸ニ遺シ持出シマス
ルヲ天之岩屋戸ノ此地ノ岸ニ石以テ四枚ニ立テ隠
シ置也

（左上）豊後国鉱夫に伝わり、鉱穴を新たに掘るときの、まじないとされてきた。「カヌヤマヒコヒメミコト」と読める。『上記』所収。
（下）『上記』序文にある象形文字。右が五十猛之命の五十音、左がウガヤ朝の古文字。

名すなわち古代の象形文字であって、『上記』序文の中には五十猛之命の五十音と、ウガヤフキアエズ第二代天皇の治世に定められたという形仮名の写しがのっている。

しかし、各地方、各部族の文字は同一書体ではなく、一部族のみでしか通用しない記号も多く、国字の統一は後世のものであることを付記しているのは、公平な正言と言えよう。

エジプト文字は多くの学者の長い努力によって解読されたが、スキタイ文字やメキシコの石暦らしい絵文字をはじめ、未解読の古代文字は世界にいくつも残っている。両米大陸のインディアンは最近まで、いろいろのポーズをした人の形を自然の岩に記して通信または記録に用いていたが、これも一部族のみに通じるものらしい。しかし、メキシコの石暦と同様な原始文字の一種であることはまちがいない。

現在各地で複元されている縄文時代中期の住居跡をみれば、竪穴の上に立てた柱に屋根を葺いた相当に完備したもので、江戸期や明治期の農家とたいして変わらない点も見いだせる。第四氷河期解氷（約一万二千年前）以後に洞窟から太陽と平野と密林の中に出て来て、狩猟・採集・半栽培の生活にはいった縄文人は、解氷期前から言語は持っており、人口の増加と部落の発達とともに、各地の各部族にそれぞれの相違はあったろうが、言語の表記としての記号・符牒、やがて文字らしいものを生んだことが想像できる。今でも呉服屋や古本屋のあいだで用いられている符牒のように、少数の者にしか解読できぬものもあったろうが、一部族の記号が次第に一地方の文字となり、やがて記録を生んだとも考えられる。『上記』の引用書目十五種が、全国各地に及んでおり、その字体がそれぞれ相違していたというのは興味深い。

なお、大江匡房の『箱崎宮記』に、「わが朝、初めて文字を書し、結縄の政に代えたのは応神天皇の朝であった」と記してあるのは別の意味で興味をひく。古代諸国に文字以前に記憶を助ける結縄があったことは広く知られているが、その中でもっとも有名なのはインカ帝国の結縄（キープ）であろう。私はその実物をペルーの博物館でいくつか見てきたが、形は小型の縄暖簾（のれん）のようなもので、一本の親糸から二十本ほどの縦糸がさがっており、縦糸にはいろいろと複雑な結び目があり、ところどころに赤や黄や青色の糸を結びこんだものである。おもに政治・宗教用のもので、儀式や祭りの日、種まきや耕作の時期、収穫の量とそれに対する課税などが記録されていると説明してあった。もちろん一般人には解読できず、それを読めるのは専門の解読官だけだったという。その結縄が日本にもあったというのは、私には初耳であった。もし、どこかの神庫からでも発見されたら、両米インディアンと日本人の同祖論の有力な傍証になるかもしれない（付記――つい最近のことであるが、私は西村真次博士の旧著『大和時代』の中で、沖縄に残っている「結縄文字」の写真を見て、それがインカのキープとそっくりであることに驚きを新たにした）。

第六章　日本の古代を語る『上記』

大分市に現存の『上記』原本

『上記』は鎌倉時代初期の編纂であるから、八百年を経た今日では、その原本は残っていない。これは『古事記』と『日本書紀』の原本についても同様である。大分図書館にある「原本」と称されるものも、用紙の腐朽状態、墨色の光沢からみて、もっとも古いもので四百年、その他はより新しく、用紙、書体、「筆跡」などにも一貫性がない。巻数も昭和七年ごろには四十七巻あったものが、今は分散消失して二十七巻しかない。さらに、写本者や研究者が勝手な作り話をつけ加えたり、無理な宗教的意味づけを行なっているものが多く、誤読、誤訳の結果、本末転倒の意見がみられるのは残念だが、これらの点を注意分析して読めば、『記紀』にくらべていささかの遜色(そんしょく)もない、と「古文献保存委員会報告」は述べている。

津田左右吉博士が『古事記』にも後人の書き加えが少なくないと言ったことは、すでに述べた。これはたびたびの複写によって保存される古文書の宿命というべきであろう。何よりもまず内容の一端をうかがうことが肝要であるから、先の『富士古文書』の例にならい、吉良氏の

『上記鈔訳』の抄訳を、次に掲げることにする。

(1)開闢の時、高天原で国造りに功労のあった神々は、アメノミナカヌシノミコトからイザナギ、イザナミ両神にいたる三十四神。中里・田村両氏によって始められている「原本」の全訳には、「天地のはじめのとき、高天原に成りませる神の御名はアメノミナカヌシノミコト、次にタカミムスビノミコト、次にカミムスビノミコト」とあり、それに続いて三十神の名が挙げられ、これに高千穂文による四神を加えると三十四神となるから、『鈔訳』と数字は合っている。『古事記』ではアメノミナカヌシからイザナギ、イザナミにいたる神々は十七となっている。そのうち「独神にして身を隠したまいぬ」とあるのは初めの七神で、その後の十神は夫婦神である。天つ神の命をうけて国つくり、国生みを行なったのはイザナギ、イザナミ両神で、このあたりの『上記』の記述は、ほぼ『古事記』と一致しているが、生み出された国々と神々の数は数倍も多い。

イザナギは天つ神の命をうけ、斧鉞を賜わって全国を巡幸した。

両神はアマテラスとスサノオを生み、アマテラスにアメノマツリ(皇位)を譲り、スサノオを補佐役とした。

ツツノカミ(星神、皇族)の地位を定め、日本列島の各地方を治めさせ、ムグライをヒトクサノミイノチヲモルカミ（医師頭）に、アキタマをヒトクサノサキタマクシタマヲモルカミ（教育頭）に任じ、オオコトヲシオギに、農民（おおみたから）にコトドヒ（言語）を教えさせた。

カクツチに噴火山の研究を、ミツハノヲに河川の水理を調査させ、オオヤマツミに木種をまかせて、植林を行なわせた。

オオマガツミを斬り、ヤソマガツビに死を賜い、二十一凶徒を処刑した。

(2)イザナギ、イザナミ両神薨去（こうきょ）の後、アマテラス女皇が即位した。女皇の治世には産業がすすみ、百姓の生活水準はさらに高まり、まだ近世的な意味の国家とは言えないが、政治制度の整備が行なわれた。

アメノオシホホミミを皇太子とし、三王女（タキリヒメ、イチキシマヒメ、タギツヒメ）を筑紫の国宇佐島に派遣した。

(3)スサノオは大活躍をして『古事記』にも記されているいろいろな事件を起こした。

まず豊地（とよち）ガ原の中津国にオオケツヒメを訪れ、ヒメがその地方の礼儀として自分の口から種々の穀物を出し（一度かみくだいて）供応したのを不潔だと思いこみ、ヒメを傷つけた。アマテラス女皇は怒って、そなたは無頼（にくきかみ）だと言い、一昼夜言葉を交わさなかった。

オオケツヒメのもとにはアメクマノウシをつかわして傷を見舞われた。傷は幸いに癒えていた。ヒメのもとには穀物十四種と蚕（かいこ）があった。アメクマノウシはヒメをつれて参内したので、大御神は大いに喜び、アメノムレギミ（公田の長）を定め、公畠と公田に蒔かせた。種は大いにみのり、その年は豊年となった。

オオケツ夫婦神は薩摩と大隅に公田と公畠をひらいた。女皇は群臣に鋤と斧を賜い、各地に人民の私田を開かせ、田畠に灌漑用の溝をつくらせ、農事を振興した。

食魚捕頭を定め、漁業を振興した。穀物を納める倉をつくり、俵もつくらせた。火を用いて食物を煮る法も教えた。鍋・釜と食器類をつくらせ、その方法を全国に伝えた。ミノヅヒコは

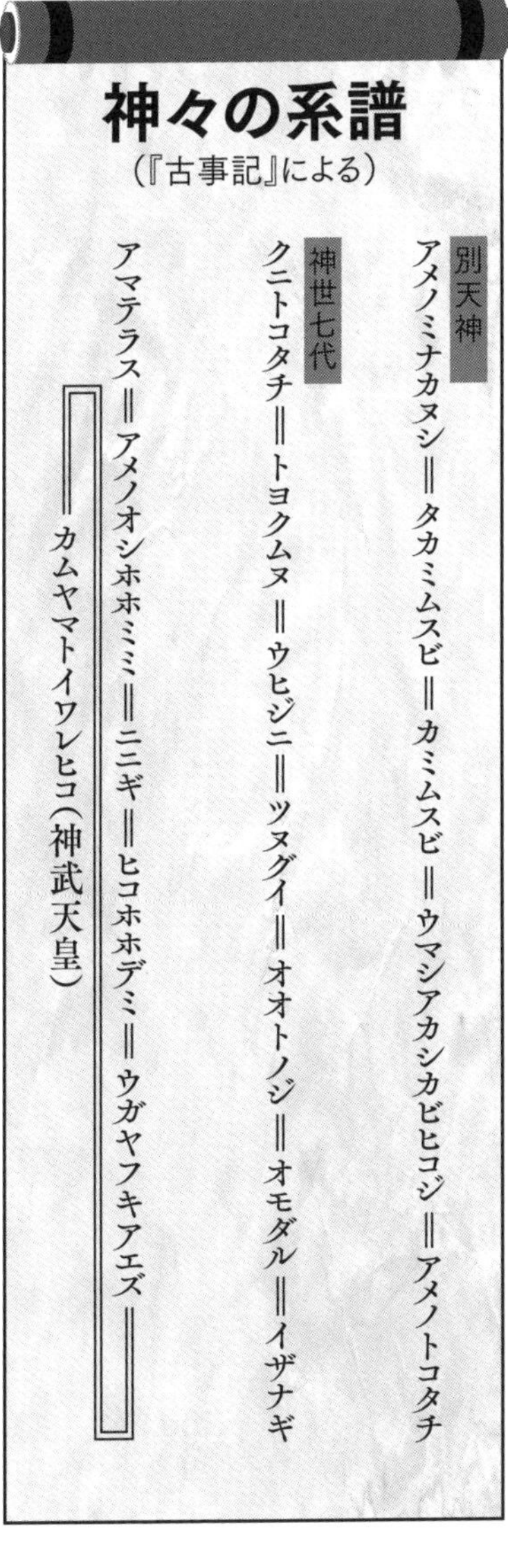

井戸掘りの法、ウマシカネモチは臼と杵を、ワタツハタオギは魚をとる網を発明した。酒もこの時代に作られた。米より醸したのをマサカと言い、麦より醸したのをミカサと名づけた。味噌も作られはじめた。

(4)そのころの住民は多く穴居していた。アマテラスはオオヤマツミに、家屋を作ることの指導を命じた。オオヤマツミは八人の息子たちに家作りをつかさどらせ、草木根国（紀伊・和泉・摂津）からはじめて全国を巡行し、一柱国（壱岐）まで行き、一年ほどで、功を奏した。

ヨロゾコトイブキに命じて、言葉の二十一種の差別を定め、全国の長官に伝えて、人民を教育した。ヒトクサノミチビキノカミと九人のミタカラヲモルカミを改めて選任した。

アマツマユコワケ以下十四人の頭に命じて、養蚕、機織、裁縫の法を全国に伝えさせた。蚕には桑という広葉木を食わせ、繭は口にふくんで糸を製した。阿波国に麻と楮を植えさせ、皮をはいで糸に作らせた。豊日別国（豊前・豊後）に草綿と葛を植えさせ、その綿をとって糸につむいだ。棚機を用いて綾と倭文を織らせ、衣服をつくらせた。

(5)スサノオが公田を荒らし、神衣の織り場に斑駒の皮を投げこみ、アマテラスが天磐屋にこもる話は『記紀』と同じである。

このとき、大神の出御を願うためにカナヤマヒコが銅鏡を、アマツマウラが鉄の円鏡をつくった。二面とも小さすぎたのでさらに八花形鏡がつくられた。ククチはマナギの皮をはいで鞴をつくった。日向高千穂山の鉄を採って析鈴五十鈴をつくった。その他、種々の剣矛、青幣、玉串、八尺の曲玉、竹の笛、大きな竹のホラ、太鼓（皮は張らず、木の胴をくりぬいてたたく楽器）、弓八張をならべた琴、御傘、酒と酒饌、野菜、海魚なども用意された。

アメノウズメが八人の舞姫とともに踊り、アマテラスが磐戸から出られたこと、スサノオの処罰と追放は、ほぼ他書と同じであるが、ただスサノオが前非を悔い、九州の凶賊鎮定の将軍に任ぜられている点は変わっている。

スサノオは八人の王子と諸将をひきい、まず日向の霧島山に行って軍議し、速日（肥前・肥後）のオソ（阿蘇）山の山賊を討ち、豊後地方を鎮め、エヒメ（伊予）を平定し、さらに丹波の賊を討つために出雲日野川上にいたったとき、アシナヅチ夫婦に会い、凶賊オロチを斬って、クシイナダヒメをめとった。

それよりアメノフトタマを先陣として、丹波の賊を斬った。タケツヌシ、タケミカヅチが大いに勲功を立てた。

スサノオの征戦はさらにつづき、四国、紀伊、飛騨、信州、大和、北越、三陸、両羽、武蔵の賊を平定して、日向に凱旋した。

さらに蝦夷国（北海道）まで渡って、漁業の頭となっている長兄ヒルコにめぐり会ったという記事もある。

出雲清宮に還り、ヤシマシヌミに政事を譲り、崩じてクマナス岳（出雲意宇郡）に葬られた。

(6)ヤシマシヌミは出雲国を開墾した。シコキの岬を掘って、その石と土を船に積んで杵築岬に移した（『古事記』の国引きの原形か）。豊後の四極海（別府湾）に行き、由布岳の凶賊を平らげた。

オオナムチ（大国主）はスサノオのあとをついだヤシマシヌミからさらに三代後のアメノフユギヌの子であると記してあるのは、『古事記』とはちがう。フユギヌの庶子にヤソカミがあり、このヤソカミが大国主を殺そうとしていろいろと迫害することは『古事記』と似ている。しかし、大国主は父の命により、紀伊国のオオヤヒコのもとにのがれて、いろいろな試練に会い、その娘スセリ姫と結婚し、出雲に帰ってヤソカミを捕え、父フユギヌから出雲の国政を譲られた。イナバの白ウサギ、兄神の迫害、紀伊におけるオオヤヒコによる数々の試練、スクナヒコとの協力は『古事記』と同じだが、スサノオはすでに五代前に死んでいるから、『上記』のこの部分には出てこない。

アマテラスはなお健在で、オオクニヌシとスクナヒコを召して、開墾の頭とし、牧民と賊徒鎮定のことを托した。両大臣は協力し、大いに治績をあげた。

(7)アメノオシホホミミが皇位をつぎ、アマテラスは上皇として、名族二百余名を全国に赴任させて国政を整えた。

出雲のオオクニヌシはこれを機会に国譲りして隠退を願い出た。長子コトシロヌシは海に身を投じたが、アメノトリフネに救い上げられた（アメノワカヒコが出雲に使して八年帰らず、勅使ナナキキジを殺したことは『古事記』と同じ）。

天皇は遷都を思い立たれた。クニノタマワケが日向の高千穂の奇振岳が地位南面に広く、四方に連山があって田畑多く、群臣の居住に便利であると奏したので、ここに宮殿と住居を造営して、新都が定まった。

天皇は皇太子ニニギに位を譲り、三種の神器と国向日矛を授けて新都に赴かせた。従う神々はアメノコヤネ、フトタマ以下四十名、属僚百三十名。オオクニヌシ、その子アジスキタカネもその中にいた。サルタヒコは天之八衢（肥後八代という）まで出迎えて案内し、アメノウキハシ（船）に乗って、高千穂の二上岳の新宮にお着きになった。

これより日向高千穂時代がはじまり、暦法と四方（東・西・南・北）の名を定め、諸星の運行を計算するなど、その他さまざまな人民の生活の改善をはかった。

オオクニヌシは天皇より牛車を賜い、出雲に帰って世を去った。

(8)オオヤヒコが四十五の物の形を描き、古代文字の形仮名（片仮名とは違う象形文字）をつくったのはこの天皇の御代であった。オオクニシロヌテが形仮名で古伝を記して、これを献上した。諸官職の名もそれぞれ定まった。檜扇をつくり、鉱山を開き、陶器をつくり、製塩を始めた。

『古事記』で名高い海幸山幸の物語はこの天皇の時と記されている。舞台は『古事記』と同じく速吸門（はやすいのと）（豊後水道）である。

(9)上皇ニニギ崩御して、高千穂の可愛岳（えなだけ）の中腹に葬られた（この山は、明治十年の西南役（せいなんのえき）で西郷隆盛が越えたので有名であるが、可愛岳に山陵のあることは、早くから薩摩の国学者によって伝えられ、平田学派の一人であった隆盛も、またそれを信じていた）。

ホオリとタマヨリヒメのあいだに生まれて皇位についたのが初代ウガヤフキアエズであり、これより後の天皇はすべてウガヤフキアエズと諡（おくりな）されることになる。中里翁は「鵜（う）朝」という名で、この後の天皇を呼んでいる。皇都は高天原から日向の高千穂（霧島ではなく豊後境の高千穂市付近）に遷された。

大和のナガスネビコ征討は、鵜朝第七十代天皇の代で、神武は皇太子として偉勲をたて、平定後日向高千穂へ凱旋、鵜朝第七十三代の天皇となられた。すなわち、天皇としては第七十五代目であり、即位の時を東周の末と推定する者もある。

これらの天皇はすべて長寿であり、二百歳を越えるものも少なくないということになるが、古代の暦法はシナの太陰暦（たいいんれき）とも異なり、一年ははなはだ短いものであった（六十日を一年としたという説さえある）。現に『万葉集』、『古今集』の編まれた中古でもシナ暦は一般には行なわれず、季節も春秋冬の三期に分かれていたという（折口信夫、唐木順三氏の説）。
だから、各天皇の在位を現在の暦法で平均三十年と見れば、神武までの七十五代の古代天皇の治世は約二千三百五十年になり、およそ五千年前の縄文中期に天皇の原型が発生し、いくどかの征戦と動乱を経て次第に日本統一に向かったと考えられる。

『上記』の描く古代世界

八ガ岳周辺の縄文遺跡をめぐってみただけでも、「日向」という地名が各地に残っている。これは、地方によってひむかともひゅうがとも読まれるのであろう。泉と斜面と平地のある土地に古代部落があり、部族が住み、その部族の長がそれぞれ天皇の原型であり、それらがまず九州日向の「鵜朝」に、後に大和朝廷に統一されたというのはただの空想ではないかもしれない。

⑽『上記』の後半は、歴代天皇の全国巡幸と征戦、農業と産業と技術、医術、教育の振興、古代官僚制度の整備、最後に日向から大和への遷都の記述だと言える。各地に同じ縄文人の部族と族長が住み、その上に大和朝廷が成立したので、後年の日本は次第に強固な統一国家となることができた。ここに「征服国家」の成立を見ることは学者の自由であるが、それはシナ・ヨーロッパ風の「征服国家」とはちょっとちがうようだ。王朝が王朝によって滅ぼされて交替した革命的事件を暗示する記事はない。かりにあっても、それは「国譲り」で、一民族が他民族に

よって奴隷化されたり、虐殺された形跡は見当たらない。——

さらにもう一度、初代からの重要事件を列挙すれば、

⑾初代天皇ニニギの全国ご巡幸には二百五十七柱の司神が随行して、採鉱冶金（やきん）、製鋼法、建築法を教え、婚姻制度を定め、各国主を任命した。

二代天皇は新体文字（清音五十字、濁音二十字、添字（てんじ）二字）を定めた。

三代天皇のとき、外国（カラシナノクニ）の使者が来て、カムヌリの国との戦争に敗れるおそれがあることを告げて、穀物の救援を求めた。天皇は諸臣に協議させ、赤稲、麦、粟、稗、豆の種、百石を贈り、トヨウケノアマツモロテ以下四名をタナツックリノエカツ（農業指導者）として渡航させた。

医薬の研究をさかんにし、猿を解剖して、病根の研究をした。百姓（おおみたから）の寿命が短いのを憂（うれ）い、衛生の法、寒気を防ぐ法、房事の度数、年齢に応じて食物の分量を決めることを教えた。

四代天皇のとき、越（こし）の国の長浜にオルシ国（今のロシア人ではなく、おそらくオロッコ、オロチョンなどのシベリア沿岸の住民）の大船が来て、食物を乞うた。群臣にはかって、米百五十石、雑穀三百石、昆布（こんぶ）類五十穀を贈った。その三年後にも同じことがあった。

さらに翌年、オルシ人は大船三十艘、軍兵三千人を乗せて来寇し、国司を脅迫した。国司ワカクマは、人民一千余人を募って防戦し、やがて高千穂の援軍三千人が大分の港から救援に来

たので、大いに戦ってオルシ軍を撃退した。

五代天皇のとき、カラシナ国の使者が養蚕と造船術の教授を乞うたので、教授七名を送った。また国字を使者に教えた。

オルシ人、能登の国へ皮船に乗って来て、夜ひそかに上陸して稲の立穂を盗む。村中の壮夫がこれを追いはらったが、九年にいたり、オルシ王キカザルユテレ、大船百艘ひきいて佐渡島（ふたこ）を占領した。高千穂よりの援軍はフツムラタナを将とし、佐渡に渡り、激戦して大勝し、賊王を捕えて温泉の地獄に投じて殺した。

七代天皇のときに、遠江（とうとうみ）のハナナの浜に大人国（国籍不明）の大船三艘が来て、穀物を盗み、人民を害したが、折りから皇太子ご巡幸中だったので、容易に撃退することができた。

皇太子は岩代（いわしろ）の大沼に巡幸した。この地方は人民が非常に少なく、人口の増加率も低かった。皇太子は神を祭り、太占（ふとまに）の法を教え、海辺の者には海魚を食うこと、山中の者には川魚を食うこと、川のないところには池を作って魚を養い、夏はその水を田畑に引いて耕作することを教えた。

⑿十九代天皇は身の丈三尺、皇后は七尺に余って力も強かったので、山野を遊覧するときは皇后が天皇を左の手に抱いて歩いた。

二十代天皇の信濃巡幸のとき、土人が歌いながら集まり、みな大きな玉茎（おのこ）や陰門（めのこ）の形を笠につくってかぶり、さかんに歌舞した。天皇大いに笑い、供奉の諸官に命じて綿で陰嚢をつくらせ、君臣これを着てともに歌舞した。

女帝の数は多く、三十一、二、三代の天皇はともに媛天皇であった（女帝の配偶者は世幸男と呼ばれた）。

⒀三十四代天皇ご即位の大嘗会（即位のときの新嘗祭を大嘗会という）は二十四日間にわたり、盛大荘厳をきわめた。

三十六代天皇はオモイカネほか三名に命じて、イザナギ天皇以来の伝説を正して再編集させ、高千穂の官庫に納めて宝物とした。場所は二上山の南、文山とある（中里翁はその所在をたずねて四十年に及んだが、まだ発見し得ないとのことである）。このとき、木曽のケヤキを焼き葛の油をまぜて墨をつくり、美濃の楮の木と穀の木の皮をとり、叩いて水にひたし、葛の油をまぜて紙をつくり、また丹鶴の羽毛をとって、杉の脂で固め、萩の茎を六寸に切り四つ析きにし、柄にして筆をつくった。

⒁三十七代天皇のとき、再びオルシ人が越の国に来寇したが、皇軍奮戦して撃退した。

三十八代天皇のとき、伊豆諸島を開拓した。

四十三代天皇のとき、アメノハッチイチツギが天皇に謁見して、「私は南海を航して多数の島嶼を発見した。住民は多いが、みな穴居、または樹間に住み、衣服は山草を編んだもので、姿容は男女の別なく、ただ口髭で男子であることがわかるのみ。食物のために闘争やまず。願わくばこの島をご開拓あれ」と献言した。その島の位置を問うと、大隅種子島より南の方百里あまりと答えた。

大工、鍛冶、農夫、漁夫二百三十人に、機織、裁縫、炊事婦など二百人を加えて、大隅の佐多岬から出船、屋久島を経てモト島（沖縄か）に上陸し、三年を経て開拓と鎮撫の功をあげることができた。

四十九代天皇のとき、豊後の速水に浅見温泉と浜脇温泉を開く。この両温泉は現在もある。豊後説話の色彩の濃い一例であろう。または後世の添加かもしれぬ。

天皇東国に巡幸して足痛になやみ、有馬温泉で治療した。近江では琵琶湖がしばしば氾濫して農作を害することを知って、湖水を摂津方面に切り流した。

五十代天皇のとき、飛騨信濃の老農四人、水車をつくり、その輪に筒を結びつけて水を高所に上げ、また水車を臼と杵につないで米穀を精白した。天皇は四老翁を都（日向）に召して、水車を作らせ、各地に普及させた。また漁業を奨励し、臣下に命じて海上で南北を知る器具（羅針盤の一種か）を作らせた。

五十三代天皇のとき、全国に神社を置き、オモイカネクラカケ以下百六名を神職として赴任させた。三陸両羽のミタケヌで大蛇を退治した。同国イヨリサヌ山でアメノクラトに会い、上古の伝説を聞き、還幸した後、歌詞に歌わせて頒布した。

（これより六十八代までの記録は欠本しているので、鈔訳者は他書から採録して補ったとあるが、天皇が世界万国、シナ、インド、ロシア、ヨーロッパまで巡幸して、これを従え、シナの伏義・神農からキリストまで日本に来て参朝したなどと書いてあるので、『上記』本文とは無関係と認め削除する）

⒂六十九代天皇のとき、カラシナの王が国を失い、その族二百人が帰化を乞うた。天皇はこれを伊予、信州、陸奥、丹波の四ヵ所に五十人ずつ住まわせて、皮革調製の業に従事させた。後に同じくカラシナ王の乞いにより、軍勢一千人を派遣した。

遠祖ニニギなどとともに豊後臼杵の河内山に祭ってあったニギハヤヒの神霊を大和の哮山に移し、アメノオキ弓とハハ矢を神体とした（これはナガスネビコの乱のとき、ニギハヤヒが大和に存命していたという『記紀』の記事とは異なる）。

七十一代天皇のとき、地震と暴風あり。稲は白穂となり、麦は黒穂となって大飢饉となった。天皇は天地の神祇に親拝し、皇族をひきいて、人民に草根木皮を製して食料にする法を教え、全国の官庫を開いて救った。皇太子イツセノミコトほか三人の皇子を伴って巡幸の途中、大和に逆賊ありという報告をうけた。すなわちナガスネビコの反乱である。この乱の記録は『記紀』と比較して興味深いから、やや詳しく引用しよう。

ナガスネビコの乱の八年ほど前、白人（新羅はまだ建国されていなかったので辰韓人であったろうという説がある）の王クグトグブルが大船に乗って牟婁の三鬼水門に来て、種々の宝器を示して、大和のハララヤ（陣所）に交際貿易を求めたが、司令ククキワカタケは許さなかった。

そこで白人はハセダキノカミ（地方官）ナガスネビコ（一名トミヒコ）が人にすぐれて勇猛の者と聞き、彼に会い、その楽しみは何かとたずねた。ナガスネビコは「天下昇平、衣食住不足しないのが楽しみだ」と答えた。白人は「それは常人の楽しみだ」と笑ってナガスネビコの家系をたずねた。

ナガスネビコは国頭の子孫だと答えるのをきらって、天神ニギハヤヒの子孫だと答えた。白人がその証拠の品を見せてくれと求めたので、ナガスネビコは哮峰のニギハヤヒ神社から、アメノオキ弓とハハ矢を盗み出して白人に示した。白人は、それでは御身は豊地ガ原の大君である、すみやかに志を起こし、この国を奪いかえせと扇動した。ナガスネビコが「しかし、天兵の征討をうけたらどうなるか」と問うと、白人は、「われらに穀物千石を与えれば、本国から援兵を出そう」と答えた。ナガスネビコが穀物を与えると、白人は本国から軍兵一千人を招いた。ナガスネビコは自ら天孫尊と称し、これに応じて宇陀の郡司エウカシ、磯城の郡司エンキタロ、国見岳のヨロなどが反乱に加わった。

ナガスネビコは高座山にハララヤ（陣所）を築き、大和の国令ククキワカタケを招待して毒殺した。まもなく、天皇が皇太子と皇族をひきいて巡幸すると聞いて、大いに恐れて白人に相談した。白人は兵を起こし、反賊を集め、クサエ坂の西の坂本に陣地を構えて、皇太子イッセノミコト軍の不意をおそい、白肩の川向に撃退した。

イッセノミコトが賊将の名を問うと、ナガスネビコは、「われはニギハヤヒの後裔でこの国の主だ」と叫んで、先に盗んだ弓矢を示した。

皇太子は、「これは哮峰に祭るニギハヤヒのご神体ではないか。試みに、この矢を射返してみる。もし汝らが本物の神裔ならば、誰にも当たらないであろう」と言って矢を弓につがえた。ナガスネビコの長男ナガスネタロが甲冑をつけ、「おれがその矢を受けよう」と馬上で進み出た。皇太子が矢を放つと、ナガスネタロの冑をつらぬき、落馬して死んだ。

ナガスネビコは大いに怒り、兵を進めて、包囲した。皇太子は諸臣とともに迎え討ったが、賊の矢が上臂に当たった。だが、勇気をふるって包囲を斬りぬけ、小舟に乗って難波に還御し、鳥海で矢傷を洗った。その所を血沼海という。

ハヤタマオが牧馬に乗って、丹波のタキの宮にいた皇子サヌノミコトに急報した。皇子は使者を送って東国に巡幸中のウガヤ天皇（七十一代）をはじめ四方の皇族に知らせた。

一方、皇太子イッセは難波の名草戸長の家で矢傷を治療していたが、傷も癒えかけたとき、戸長は裏切り、皇太子と諸臣に酒をすすめてナガスネビコに通報し、暗夜、その軍を導き入れた。皇太子は奮戦して名草戸長を斬ったが、諸臣は戦死し、皇太子も重傷をうけた。丹波から皇子サヌの軍が駆けつけたが間にあわず、イッセはついに崩御した。

父天皇は急報を聞いて陸奥国からひきかえして伊勢に着き、タカクラジの皇子は武蔵から、オオクメの皇子は遠江から、ミケヌイリヌの皇子は土佐から、それぞれサヌノミコト（後の神武天皇）の行宮に到着した。

軍議は決し、南をまわって、熊野から進軍することになった。那智の戸長ほか七名の地方官がそれぞれ兵をひきいて先鋒となった。白人の伏兵が矢を雨のごとく射そそぎ、また風上に毒煙を起こしたので、官軍は苦しんで前進できなくなった。いったん退却し丹生に陣地をおいた。皇太子（神武）も病気になったので、天神地祇に祈るために、天香山の土を求めた。宇陀の郡司オトウカシがひそかにエウカシとカシの郡司アカネイロの陰謀を奏上した。ウヅヒコとオトウカシの両人は進んで天香山の土を取って来ることを申し出で、それぞれ老翁と老婆の姿を装って出発した。途中、賊兵たちは両人の姿を嘲笑しながら通行を許したので、無事に天香山の土を取って帰ることができた。

タカクラジの皇子が神剣一口を皇太子（神武）の枕辺に持参して、「私は夢で高天原に登りましたところ、アマテラスとタカミムスビノカミの神勅を受け、タケミカヅチの佩剣を給い、またヤタガラスを道案内させることにしたと申されました。夢からさめてみると、わが安坐屋の棟から大床に剣が立っておりましたので献納いたします」と言った。皇太子は大いに喜び、病気もたちまちなおり、全軍は奮起した。

ウガヤ天皇は伊勢から乗船して、行宮を日高に定めた。皇太子はオオクメ以下二十二将にナガスネビコ討伐を、また、タカクラジ、イナイヒ、ミケヌイリヌ皇子と十九将に牟婁の三鬼山に屯する白人国の賊の討伐を命じた。

皇太子とオオクメ皇子は官軍をひきいて出発し、名草、日野などの頭も人馬を献じて従軍した。

タカクラジ、イナイヒ、ミケヌイリヌ皇子は三鬼山の白人を攻めた。白人はよく守り、毒煙を起こして官軍を苦しめた。タカクラジが神剣を振ると、たちまち風向きが変わり、白人は苦しんで三鬼山に退却したが、守りきれず、海岸に逃げた。錦戸長今年磨が白人に味方したので、官軍はこれを討って殺した。白人はついに錦浦まで退却した。

イナイヒとミケヌイリヌは五人の将に命じて曾根の港に軍船六隻を調えさせ、錦浦の白人を攻め、イミベワカヒトも軍船二隻をひきいて参加した。夜の明けるころ、三鬼浦と錦浦の沖に着いたが、白人の船影はなかった。浦人は、賊船は昨夜すでに立ち去ったと言った。イナイヒ皇子は憤怒して、「わが遠祖は天神、御母は海神の娘である。何とてこの賊に海路を許したのか。早く暴風を起こして、賊船を吹き返すべし。われは海原を駈りて賊船を引き戻さん」と言い、剣を抜き面上にかざして海原に身を投げた。ミケヌイリヌ以下五神もこれにならって投海した。

翌日、西南の風大いに起こり、わが軍船は大名島のかげに風を避けた。そこへ賊船五十余艘が漂流して来たので、わが船隊は激浪をおかして猛撃した。たまたま海中に大鰐が現われ、賊の船底をくい破り、賊船はほとんど沈没したが、風波はなおやまなかった。船将ノトベノミナトタロは、「このままではわが船隊も安全ではない。おのおの死を決して賊を討て」と励まし、ついに白人を海上で全滅して、スサミ港に上陸した。

イナイヒ皇子以下入水した諸将を添持の神と称し、その神霊を合祭してスサイの大神と名づけた。

⒃皇太子（神武）が贄持神を案内役として到着すると、ヰヒカロが、井戸の中から現われ、イワオシワケの後裔ヨシノムユロが先鋒を志願した。また大熊が出て来て案内役のように皇軍の先頭を走った。これより先に、ナエの山賊イスクリがナガスネビコに与し、道に落とし穴を作っていたが、大熊がその穴に落ち、中に潜伏していた賊徒を、皆殺しにしてしまった。大熊はイツセの皇子の霊妙な幽事だと人々は言った。賊徒エウカシは釣り天井を設けた大殿をつくり、皇太子を迎え入れようとしたが、皇太子はその手に乗らず、部将に命じてエウカシを大殿に追いこんだので、釣り天井に圧されて死んだ。

皇軍は進んで宇陀の十市に到着した。郡司エシキは馬手坂に女軍を、弓手坂に男軍を配備し、大路小路に烽火（おこりずみ）をおいて、その奥の磐余（いわれ）に陣していた。フトタマワカミチはヤタガラスに命じて、エシキとオトシキ兄弟に降伏を説かせたが、エシキは聞かず、ヤタガラスを射た。

矢ははずれてその子ワカシキロに命中した。オトシキは降伏して、賊軍の情況を報告した。簑笠（みのかさ）を着て、鍬（くわ）を持った男が行宮に来て、皇太子にお目にかかりたいと言った。その名を問うと、「自分はニギハヤヒの子孫で、ナガスネビコの妹カシヤギ姫とのあいだに生まれたウマシマジである。ナガスネビコが逆意をたくましうして、伝来の宝剣（あまつしるし）を要求したが、私が承知しないので、欺（あざむ）き殺して、この剣を奪おうとした。私は深山にのがれたが、皇太子の親征を聞いて、従軍のために来たのである」と答えた。皇太子は彼を召してその志を賞した。

やがて、四方の賊が攻勢に出る気配を見せた。ウマシマジは、「私の佩剣はナガスネビコがほしがっているものです。これを持って行き、欺いて討ちましょう」と言った。皇太子はその謀（はかりごと）を許し、軍将オオトマノをつけて派遣し、同時に諸将に進発を命じた。

激戦の末、エシキタロ、アカネミロをはじめ多くの賊将は斬られた。皇太子とオオクメの皇子は国見岳（くにみだけ）のナガスネビコを攻めた。賊兵は隊伍を乱して逃げた。このとき、ウマシマジはナガスネビコの陣中におり、彼の逆意を責めて斬ろうとした。ナガスネビコは、「わが運はすでにつきた。そなたの手にかかるまでもない」と言い、自ら首をくって死んだ。

皇太子（神武）とオオクメの皇子は日高の宮に凱旋して、七十一代天皇に勝利を復命した。

タカクラジも牟婁から帰ってきて、白人軍掃滅とイナイヒ皇子以下の入水を報告した。天皇は勅して新宮をつくり、イナイヒ、ミケヌイリヌ以下五将の霊を祭って海津之大神と名づけた。天皇は戦死したイツセノミコトの佩剣を高御座に置き、三種の神器を授けて、これを第七十二代天皇とし、自らは上皇の位に退いた。

それより上皇は皇太子（神武）、諸皇族、諸将をひきいて紀泉摂のウシロの港から出航して、豊後の佐賀関に上陸し、高千穂の二上の大宮に帰られた。

七十二代天皇（イツセ）は幽身ながら天下を治めること五年、タカクラジが上皇に進言して、皇太子サヌノミコトに御年三年を加えて五十一歳とし、三種の神器を授けて譲位の式を行なった（五十歳にならずに即位するのは、吉例に違うという理由による）。

⒄即位三年目に、斎女タマシキヒメが神がかりして、大和の国に遷都すべしと奏した。上皇も延ばすべきではないと申された。人民は、遷都の命を聞いて嘆き悲しんだので、カムヤツイミミを高千穂の大宮にとどめて、速吸門に船を集めて出航し、難波門の坐摩宮に入御した。大和の土人参集し、楽を奏して祝賀した。クサエ坂、生駒山を経て葛野宮に入御し、吉野山の宮を上皇の御所とした。

天皇ご自身は畝傍山の東南、橿原宮に高茅で葺いた粗末な掘立屋をつくって入御された。各皇族と大臣らも、それにならって、大和の各地に住居した。

サヌノミコトは諱を改めてカムヤマトイワレヒコホホデミノスメラミコトと称した。

天皇はまず臣庶の系統を正し、大臣以下諸官に任ずべき年齢を定めた。勅して言う。

「農民は民の食物を作るが故に、平民の上の上なり。これを助くるための大工、鍛冶、漁者、猟人などは武事をたしなむべし。物部は牛馬の牧を預かり、外寇あるときは必ず先陣たり。故に官より衣食を給す」

「男女ともに盗みをなすものは、足の筋を切って子執男女（幼児の育て役）となす」

「寡婦五十歳以上のものは村の教師、それ以下の者は子執女としてその村に養わしめる。生来廃疾のものは男女とも医師の猿飼として薬法を試験せしめ、五十歳以上に及んで医師とする」

「全国のタケル（地方官）を選任して、各地に派遣する」

「天神地祇と各自の祖先の神霊を春秋二季に祭らしめ、これを祈年祭と称す」

「農民の全戸病難などにかかり、耕作の時期を失うものあれば、兵士をして助けさせる」

「天皇親耕して、租税を減ず。租一人分米四合。税一人分一升二合（地方政治と軍備及び救荒の備え）となす」

鳥見山の上榛原に檜皮葺きの宮を造り、ニニギ、ホホデミ、初代ウガヤフキアエズを祭り、下榛原に二代ウガヤフキアエズ以下七十一代の神霊を合祭した。

諸国の大工、杣職が多数、ひそかに都に集まってきた。ナカトミタテ以下三十九名の官人がおどろいてその理由を問うと、「天皇の宮殿をはじめ、諸大臣の邸宅を新築したいのです」と答えた。これを天皇に奏上すると、「天下の禍乱はようやく治まったが、そのために人民は疲労困窮している。宮殿の新築など許すことはできない」というお返事であった。

しかし、集まった者は、「さきに租税を減じていただき、天下太平となった鴻恩を謝するのにはほかに方法がありません」と答えた。

天皇と皇后は手ずから酒饌を調えて衆に賜い、その席に臨御して説諭したが、人民は聞かず、「もし造営のお許しがなければ、絶食して命を終えます」と言った。天皇はやむを得ず、造営を許した。大工、杣人らは大いに喜び、ただちに伊勢のキソ山、紀伊のフト山の良材をとって、檜皮葺きの宮殿をつくった。オキサカルセセ百七十歳が上棟の式を行ない、玉粟の飯頴を柱ごとに盛り、歌を唱え楽を奏した。

兵士以下平民の正服を定めた。アカツチサクラ外二名に命じて、全国大小の諸川に船をつくらせた。衛生法をさかんにし、幼年は三歳より十一歳までは礼式と学式を学ばせた。人に会えば、必ず柏手を打って拝した。

上皇崩じ、生駒山に葬る。

刑法を厳にし、治安にそなえた。船を製造して、その中央に車を付け、人力をもって運転し、自在に走らせることを発明した。井戸を掘り、堤を築いて、大いに水田を開発した。

周防国国令(あなどのくにのたける)カタチハシオが郡司らとはかってひそかに重税を課したので、人民が国府に迫った。天皇はフツヤシノを鎮撫使(ちんぶし)として派遣した。鎮撫使が周防大島に着き、山上から眺めると、人民は国府を包囲し、国令(たける)の旗印である日輪扇(ひのみかたのおうぎ)を打ち落とすほどの勢いであった。鎮撫使は国府にはいり、説諭して人民を退け、首謀者を処刑し、カタチハシオを捕えて都に帰った。

＊

これで『鈔訳』の抄訳を終わる。なお、中里翁は最近、『鈔訳』に一年先立つ明治九年に、豊後の人内藤平四郎(ないとうへいしろう)が『上記』の古代文字に仮名読みをつけた本を出版されはじめた。その完成の一日も早からんことを祈る。

第七章　両古文書の否定者は、だれか

『上記』の意義

『上記鈔訳』の序文を書いた、岸田吟香（一八三三〜一九〇五年）は幕末の知識人で、ヘボン博士の英和辞典編纂の協力者、わが国新聞事業の先駆者として有名であり、画家岸田劉生の父である。この人が明治十年の『上記鈔訳』の序文で、この本は、日本の上代研究に欠かせないもの、と断じている。名文であるから、そのまま引用しよう。

「去年八月十八日、わが東京日々新聞第一四一一号に、肥後国山鹿相良村にウガヤフキアエズノミコトの山陵ありという意味のことを載せたるは、同国内田村山崎次郎氏の考えを熊本新聞によって節略せしところなるに、豊後の吉良義風君より一書を投じて曰く、去る貞応二年豊後の守護職大友能直朝臣編集するところの『上記』といえる書に上古のとき、ウガヤフキアエズノミコトと称する天皇七十三代おわしまして、その第八代媛天皇の山陵は日向と相良の境にありといえり。

義風『上記山陵実地考』を草し、これを教部大輔へ呈進せしは七月二十三日のことにて、そのときこの八代ウガヤフキアエズ媛天皇の山陵はその所在を知る由なきゆえ、未考と記せしに、今この新聞紙上にこの詳を得てこれを知ることを得たりと記せり。依ってまた、これを二十日の新聞紙に載せ、かつ、その『山陵実地考』をも一見せしに、未曾有の新説なるをもって、これを九月十二日より二十六日までの新聞に刊行したるは、世人の遍く知るところならん。しかるに近頃その義風君が『上記』の全部を抄訳せられたるを見るに、本書（原本）はすこぶる闕簡（欠本）ある由なれどもその書の大体を知るに足れり。

しかしてその説たる最も心を傾くべきこと少なきにあらず。余かつて思えらく、本邦上古代の伝説は無稽の荒誕に属するもの多きに似たりと。これを国学者流にただすも、上代のことはついに計るべからずというに過ぎず。しかれども神武の東征は隣国支那にて東周の末に当たり、世すでに澆季にして人情世態の古樸を失えるは、左伝国語等にて詳かなり。インド、エジプトはなおさらのこと。しかるに、そのころまで日本にては天から神人が下るとは、海上僅々二、三百里の土地にして、あまり季候がちがうように思いしに、今この書を見れば、古史に神代と称する時のことを記すること甚だ詳にして、その間の年代も遠長なり。その時代の景況もまた甚だ奇々怪々のことにあらず。

大略みな尋常人世のことにして、記紀の神代巻に録するところの怪説はこのことの謬伝ならんと思うかども少なからず。けだし神代紀（日本書紀）に採録するところの一書と称する類の古伝ありて、当時まで世に存したるを、能直朝臣の編集しおかれたるなるべし。その間まま疑わしきところあるは編成のときに誤りたるもあらんか。いずれにしても和学者流のわが皇大御国は神の産み給いし、神の造り成し給える神国なれば、潮沫の凝り成れる外国とはちがい、あやにあやしく奇しき神変不則なことありとのみいう荒誕とは、よほど見どころありておもしろき書なり。
この篇は鈔訳なれども、これを刊行して本書の大意をあまねく世に知らしめば、他日かならずその全文について、これを考究する者あるに至らば、また以って我邦上代を研究する者の楷梯となすに足れり。義風君の是を鈔訳するも、その意けだしここに在るなり」

出版の当初には相当の反響があり、支持者も少なくなかったようだが、いつのころからか、偽書として埋もれてしまった。その真因はどこにあったのだろうか。

『神皇紀』の反響

『神皇紀』についても同様であった。大正十一年の出版当初には、各新聞雑誌がいっせいに取りあげた。私の持っている昭和五年版の巻末には各紙の書評が集められている。その一部を抜けば、

東京日日新聞「神武天皇以前にウガヤフキアエズの尊名のもとに五十一代二千七百年の列聖があり、それ以前に天之世天神七代、天之御中世十五代がある。即ち神武天皇以前に七千九百年、八十五代の神代がある。……仏教の悪化を受けない神代の記録は非常に立派なものである」

時事新報「国史研究家の一読に価するは論を待たざるところなり」

万朝報「しかも、この書の特色とするところは、少しも神怪不思議の記事なく、科学的である」
国民新聞「附録に系図及び図面を多く載せているのも有益である」
読売新聞「規模の雄大、参照の広域、地図の精細、まさに現代史家のまえに大懸案を投げた大史論である」
都新聞「余は三輪氏の多年の労を多とし、その精神に対し敬意を表する」
中央新聞「近来日本史の刊行せらるるもの、その数極めて多いが、本書の如く大いなる問題を提供し、世を驚かしたるものは少ないであろう」
東京朝日新聞、報知新聞、東京毎夕新聞、大阪毎日新聞、大阪朝日新聞、新愛知新聞の賛辞がこれにつづいているが、同趣旨のものであるから省略する。
大日本「従来、我が国の神代はややもすれば神秘的神話的に伝えられたものであるが、事実として存在し、歴々掌を指すが如くに明らかにされ、一事一項といえども荒誕無稽の跡がない。実に驚くべき発見研究である」
その他も省略するが、最後に重要と思える二つだけを引用しておこう。
彗星「徐福伝なるものも後世の偽作であるという論議を有する人間があるかもしれないが、果たして後世の偽作であるならば、『古事記』が模範で『古事記』以上に神怪ぶりを発揮したものであらねばならぬのに、反対に極めて非神話的なることが偽作にあらざる心証となる」

大日本（再評）「かりにこの『富士古文書』が偽作としたならば、何人がいかなる目的をもって、いかなる才能と知識と想像力をもって偽構したものであるか、推察も及ばぬと同時に、地理学上、地質学上、考古学上の調査の結果がぴったりと古文書の内容と符合一致するに至っては、むしろかえって、その奇に驚かざるを得ぬのである」

いかに反響が大きく、絶賛とともに早くも偽書説もあらわれて、それに対する反論もあったことが推測できる。これほどに大問題となり、斎藤内大臣と東大教授を顧問とする財団法人「富士文庫」までできながら、ある文献学者が偽書と断定したために「文庫」は解散し、『富士古文書』は再び埋もれてしまったということが、私にはいかにも不審である。もし『神皇紀』を読まなかったら、何の不審もいだかなかったであろうが、私は読んだのだ。篤志の研究者神原信一郎（かんばらしんいちろう）博士も認めているとおり、『富士古文書』にはたしかに後世の偽書も加わっているが、その根幹となる記録は真書らしい、と私にも思える。

偽書と断定した文献学者の名がわからないので、当時の事情を調べる時間を持たない私には、偽書説の論拠を調べる手づるがない。専門の歴史家の著作で『富士古文書』にふれているものは、少なくとも私の手もとにはない。わずかに植村清二（うえむらせいじ）教授の『神武天皇』（昭和四十三年版）の六六ページに三輪義凞という名まえだけがでてくるが、これは植村教授が『神皇紀』を読んだことがあるということを教えてくれただけであった。

「原典批判」の功罪

戦後の若い古代史家の研究を読んでいると、「この点は津田左右吉博士以来、定説であって動かすことはできない」という意味の言葉にしばしば行きあたる。こういう言いかたは、いやしくも学問の道にたずさわる者の使うべきものではない。

すべて学説というものは、確実な反証があがるまでは、定説的仮説として扱われて、学問の進歩に役立つものであるが、決して永遠不変のものではない。古い仮説が新しい仮説によって取って代わられるところに学問の進歩がある。

自然科学の仮説は、人文科学の仮説にくらべると寿命が長いように思えるが、それとても不老不死のものではないことは自然科学史を読めばすぐにわかる。まだ学問として若い人文科学の中でもとくに若い日本古代史においては、定説と呼ばれるような長寿不死の仮説は一つも生まれていないといっても過言ではなかろう。私も及ぶかぎり古代史家の著書を読んでみたが、諸家の言うことはみんなちがう。極言すれば、百人の学者が自分の好みと個人的判断に従って、同一資料から百種の推理小説を創作しているというのが実状である。

手近な例をあげれば、『魏志倭人伝』についての各人各説、十人十色の推理競争がある。この原本は三世紀ころのシナの史家によって書かれた日本史らしいものであって『記紀』よりも約五百年ほど古い。すでに『日本書紀』の「一書に曰く」にも引用されており、本居宣長は「魏志倭人伝信ずるに足らず」と一蹴しているが、戦後の日本古代史家は「信ずるに足る古文献」として、いっせいにこの謎の多い文献にとびついた。

私の記憶では、つい三年ほど前には邪馬台国の所在地は九州と大和に分かれて十三ヵ所ほどあったが、今は十五以上にふえているようだ。つい最近には、アメリカ直輸入らしい「邪馬台国はシナの一部であって、日本の歴史とは関係ない」という「新説」まで現われて、いたずらに読者を当惑混乱させている。

結着はいつつくとも予想できないが、私としては、これも『記紀』のワクの中での堂々めぐりに疲れた古代史家たちが、『記紀』以前にさかのぼろうとする努力の現われの一つだと見て、興味をもって傍観している。何年かたてば、女王卑弥呼を天照大神、神功皇后、または九州の小王国の女王とする者の各説は、崇神天皇＝神武天皇説とともに消えて、これらの論争の渦の中から『魏志倭人伝』の正しい原典批判も生まれるかもしれない。

原典批判（テキスト・クリティック）は十九世紀ヨーロッパでさかんになった実証主義的学風である。津田左右吉博士は、近代合理主義史学の浅薄さはくりかえし攻撃しているが、自分が実証主義の学風の中にいることは否定していない。『記紀』の原典批判家としての津田博士の功績は大きい。「古事記神典説」一本槍の本居宣長に対抗しうる画期的業績を残した学者だと私はみている。だが、本居学説を偶像化することが過去のものとなっているように、津田学説の偶像化も今は限界にきている。津田学派と自称する戦後史家は少なくないが、そのほとんどは津田学説そのものとは無関係なただの亜流にすぎない。

津田学説については後にふれるつもりであるが、原典批判はヨーロッパの特産ではなく、日本にもシナにもあった。江戸時代の新井白石、明治の那珂通世、「抹殺博士」と仇名された重野安繹、黒板勝美博士などの名をあげるまでもなく、本居宣長自身がきわめてはげしい原典批判家であった。彼にとっては『旧事紀』も『古語拾遺』も偽書であり、『日本書紀』もまた「漢意のさかしらごと」に修飾された一種の偽書であった。この学問的潔癖と闘志が『古事記伝』に結集されて、宣長の学問体系をうんだ。

隣国シナでは、原典批判は考証学と呼ばれて長い歴史を持っているが、清末の碩学康有為（一八五六〜一九二七年）において頂点に達し、孔子の著作と伝えられる諸書を偽書とし、さらに司馬遷の『史記』を疑って、三皇五帝はもちろん、夏・殷・周の三王国は孔子の理想の所産にすぎないと極論した。この型の原典批判または考証学には、否定傾向のみが強い。懐疑は学問の母であるが、否定が極端に走れば、この母は石女となり、歴史の血統を絶やす。果たして、一九二八年から三七年にかけての「殷墟」発掘によって、殷王朝の実在は証明され、一九四九年の中共革命後は発掘がさらに大規模に進められているので、やがて夏王朝の実在も実証される可能性がでてきた。

もっと有名な事件は、ドイツの実業家で素人考古学者シュリーマンによるトロイ遺跡の発掘である。彼はギリシャ詩人ホーマーの『イリアッド』と『オデッセイ』を少年時代から愛読して、トロイ戦争その他はただの作り話にすぎないという文献学者の説を信ぜず、苦心の末、一八七三年にトロイの城壁を発掘して、ホーマーの詩編を現代に再生させた。それから約三十年の後、エヴァンスが、これまで作り話として否定されていたクレタ島クノソス大宮殿の絢爛(けんらん)たる遺跡を発掘発見したことを知っている読者も少なくなかろう。

神話や伝説には核がある。天然真珠にも養殖真珠にも、核になるものが必要なように、事実のまったくないところには伝説も神話も叙事詩も古文献も生まれない。真珠の外形だけを観察し、表層だけを分析して核の存在を否定することは誰にもできる容易な作業であるが、核の存在をさがすことが学問というものであろう。

なぜ、偽書説が発生したのか

くりかえすが、津田博士の原典批判の功績は大きい。

私は津田博士の戦前の著書を読みながら、この「否定の鬼」につかれた若い学者——津田氏は八十八歳の長寿を保たれたが、『神代史の新しい研究』と『古事記及び日本書紀の新研究』を書いた大正二年また八年には白鳥庫吉(しらとりくらきち)門下の気鋭の学者であった——は懐疑と否定の後に何を残すつもりなのか、ただ歴史の廃墟のみではないかと何度も疑ったが、読み終わって、これはきびしい一つの学説であり、学問以外に何の目的もないことを感じとることができた。博士の胸底には戦前に攻撃され迫害されたような「特殊な政治的目的」はなかった。ただ学問への愛と同時に祖国日本への愛情があったが、学問熱心のあまり、分析と批判に執しすぎ、総合を忘れた点が、世の誤解と権力の圧迫を受けたとみるのが正しかろう。

このことは、博士が日本敗戦の直後から諸雑誌に発表し、後に『日本の皇室』（早稲田大学出版部・昭和二十七年）にまとめられた諸論文を読めば、さらによくわかる。その「まえがき」から数行だけを引用しよう。

「六、七年以来、特殊の主張をもっている一部の人たちによって、日本の歴史に関するいろいろの言議が数多く発表されているが、昔から書かれてきた日本の歴史は、多くの虚偽な造作によって真実が蔽（おお）われているから、その仮面を剥（は）ぎ去って真実を暴露するのだ、というのである。しかし、わたくしにいわせると、そういう人たちが真実として示そうとしたことのうちには、実は、その偏僻（へんぺき）な主張に基づいて恣（ほしいまま）に構成されたもの、虚偽として非難されたことよりも、それとは違った考えかた、または違った方面のことながら、更（さら）に甚だしき虚偽を含むもの、学術的研究の名を借りてはいるが、実は全く非科学的なもの、などが少なくない」

「何よりも自国の歴史を嘲笑的態度で取扱い、または日本人の過去の生活を醜悪に満ちたもの、無価値なものであるかの如く説きなすことに、誇りを感じているようにもみえるもののあることは、日本人の一人としてのわたくしに、深きこころの痛みを覚えさせる。皇室についての近ごろの放縦な言議を読むにつけても、この感は特に深い」

津田博士の旧著を読む者は、右の戦後の発言を銘記しておくべきであろう。

初め私は『上記』と『富士古文書』を偽書と断定した文献学者というのは、後にいわゆる津田学派をうんだ、明治と大正の「実証主義的原典批判家」の流れに属する学者だろうと想像していた。前にも述べたとおり、この両書には、『記紀』や『史記』や『聖書』におとらず、十九世紀流の実証主義者の手ごろな餌食(えじき)になりうる部分ははなはだ多い。キリスト抹殺論がヨーロッパに相次いで現われ、シナに殷周時代否定論が現われたのと同じ実証主義的方法によって、天照大神、神武天皇、武内宿禰などの非実在論を構成することはきわめて容易である。

だが、私はやがて「偽書説」の動機はもっと手近な、非学問的な場所に存在していたのではないかと気がついた。

友清歓真(ともきよよしさね)氏の『天行林』（全集第一巻）の中の次の一節を読んでいただきたい。

「私は徒(いたず)らに『古事記』や『日本書紀』の神聖を維持せんがために、少しでもこれを裏切らんとするが如き資料が見つかると無理由にこれを抹消し、目をおおってそれを見まいとするが如きある種の神道学者のごとき卑陋(ひろう)な態度を学ぶことはできぬ。彼らは真に神というものを知らぬのみならず真に人というものを知らぬから、神武天皇は人間であり、その前はすぐに人間とはかけはなれた神であると誤信しているので、木に竹をついだような、皇祖論をふり廻さねばならぬ窮地に陥入するのである。『上記』や『神皇紀』の如きものが、また別にいくら出てきたからといって、それで『記紀』の神聖が動揺したり値打が上ったりさがったりするものでは決してないということが腹に入っておらぬから、尻の穴のせまい考えに襲われ、自由自在の研究の活眼を洞開することができないのである」

友清氏は昭和二十七年に故人となられたが、その全集は目下刊行中である。私は故三島由紀夫君が大和大神神社に参籠し、「奔馬」を書く前に氏の『霊学筌蹄』を読んだことを知り、小野浩教授の好意により既刊全集を手にすることができ、その博学というも愚かな古今東西にわたる鴻識と動かぬ信仰、自在な発想、大胆な論証にただ驚きの目をみはった。友清氏は必ずしも世にいう教祖的な人物ではない。三十代にしてすでに「神道霊学」なるものを体系づけたが、ただ山にこもって布教せず、しかも当代の知識人の一部に熱心な支持者を持って、今ようやく全集が完結に近づいている。

友清歓真氏については別に述べる機会もあろうが、ここでは氏が『神皇紀』と『上記抄訳』も読んでおられたことだけを記す。もとより、友清氏にとっては両書は雑書の類にすぎず、「遺憾ながら承認しがたい点が多く、かつ極めて重要な間違いがある」と言っておられるが、「しかし、いずれにせよ、三輪氏や上記選述者の労は大いに多とすべく、わが上古史の研究上参考とする価値は充分にある」と付記することを忘れていない。

右に引用した一節はそれにつづく部分だが、私がこれに注目したのは、『上記』、『富士古文書』偽書説は、神社神道系の学者によって唱えられたものではないか、とふと思ったからである。

明治以後の神社神道は一種の国教であり、村の氏神様以外の官幣（かんぺい）・国幣（こくへい）諸神社の神職は官吏の一種であり、とくに宮内省、文部省と直結していた。『富士古文書』のために斎藤内大臣をいただく「富士文庫」は創立されたが、その内容が『記紀』といちじるしく矛盾していることが判明すると、「一文献学者」の偽書説によってたちまち解散をされてしまった。もちろん『古文書』の中に一見して後世の付加とわかる夾雑物が多量に混入していたことも解散理由にちがいないのであるが。

ただし、これは私の想像であり推測であって、実証はない。神道と神社史に詳しい友人、葦津（あしづ）珍彦（うずひこ）氏の今後の研究に待ちたいと思う。ただいずれにせよ、この「二大奇書」が「わが上古史の研究上参考とする価値は充分にある」と、私は友清氏とともに信じて、読者諸氏に原本の一読をおすすめしたい。

第八章　「津田学派」に対する津田博士の反論

戦後派史家たちの誤解

津田左右吉博士の『神代史の新しい研究』は大正二年に出版されたものであるが、その序文を、津田氏の師にあたる白鳥庫吉博士が書いている。師と弟子のあいだには、出版前に相当はげしい論議と意見の対立があった。

白鳥博士は言う。「津田君の独特の見解には啓発されることが多かったが、しかし、近ごろになって、議論に議論を重ねたすえ、ふたりの見解に少なからぬ相違があって、その信ずる所が互いに固く、到底調和の見こみの立たないことを発見した。もっとも、議論の全体が一から十まで相容れないというのではない。神代史がわが皇室の由来を説明するために作られた政治的意義を含んだものであるということは、当初から一致していた意見であった。けれども……神話の一部を構成するわれらの祖先の思想としての宇宙観が、どういうものであったか、……殊に神話の全体を貫通するわが国体に関する精神の観察については、ふたりの間に大なる懸隔があったから、度々の論議も、最終の合致点を見出すには何等の効がなかった。しかし、学問の研究は他人の反対説がでなければ容易に進歩するものではない。学者が一つの説を立てたときには、必ずその背後に反対説のあることを予想せねばならぬ。而してその反対説は別個の学説として、これを尊重すべきである」

故に津田博士の研究が出版されて学界に提供されるようになったことは、「強く学界の慶事として、衷心これを喜ばざるを得ない」と書いた白鳥博士の学者的態度は立派であり、また、あくまで自説を固守し、師の学説にそむいてこれを発展させ、ついに筆禍まで受けた津田博士の態度も立派である。

長い強制的沈黙の後、津田博士は敗戦後の昭和二十三年と四年に、これまでの著書に「筆を加えなかった頁はほとんど無い」といってもいいほどの補訂を加えて、『日本古典の研究』上下二巻をだした。この本は、『記紀』の原典批判、すなわち歴史資料としての研究である。

私は戦後版の『日本古典の研究』（『全集』所収）を改めて読んでみたが、戦前版と比べて論述はたいへん慎重になっていて、自ら「面目一新」と称している部分もあるが、津田左右吉の一貫した姿勢と面目は失われていない。いい意味の学者的頑固さを失わず、博士一流の独断といわれることも恐れぬ断定と主張はいたるところに残り、日本歴史そのものを否定する戦後の「津田学派」をうむ要因を十分ふくんでいる。

第七章にも述べたとおり、博士自身は自称「津田学派」を「特殊の主張をもっている一部の人たち」と呼び、彼らが真実の日本歴史と自称するものは「学術研究の名を借りてはいるが、実は全く非科学的なものだ」と怒り、「何よりも自国の歴史を嘲笑的態度で取扱い、または日本人の過去の生活を醜悪に満ちたもの、無価値のものであるかの如く説きなすことに、誇りを感じているようにもみえるもののあることは、日本人の一人としてのわたくしに、深きこころの痛みを覚えさせる」と嘆いている。

これが博士の真意であるが、とおりすがりの読者はもちろん、善意の研究者の目にも、津田博士の『日本古典の研究』は、「これは事実に反する」、「これはそのまま歴史的事実の記録としては信じがたい」、「これは机上の製作、空想の所産であろう」、「これは後人の添加である」、「これは実在の人物とは思えぬ」、「これは民間説話と地名起源説話の混入である」――などの否定句に満ち満ちていて、『記紀』を偽書とは言わないが、内容的にはまったくの架空の物語であるという印象、または誤解を与えかねない。

この印象と誤解を巧みに利用して――または自ら誤解して――一部の「偏僻な思想」を持つ戦後派学者たちが、学問的仮面をかぶり政治的に団結して、「自国の歴史を醜悪に満ち、無価値のものであるかの如く説きなした」のが、津田左右吉氏自身を怒らせ嘆かせた戦後の自称「津田学派」であると、私は見る。

彼らは戦後の「言論の自由」を十分以上に利用して多くの「日本歴史」を書き、「歴史教科書」

を書いた。そのほとんどが「歴研」、「日教組講師団」、「家永裁判抗議団」などに属している「唯物史観派」とその同調者であり、書かれていることは一つの公式に即した似たりよったりの学説である。どれを例にあげてもいいのだが、私はまず手元にある『神話と歴史』の著者直木孝次郎教授にご登場を願うことにする。直木氏がその「はしがき」に「津田左右吉博士の方法を手本として、研究をすすめた」と明記してあることが、理由の一つである。

誤解の一例としての神武天皇非実在論

直木教授は第一章のはじめの部分で次のように述べている。要約引用すれば、「まず古代の日本の中心になる権力が大和地方に成立した時期ですが、『記紀』では第十代の天皇と伝える崇神天皇のころとするのが穏当でしょう。崇神の前に神武天皇をはじめとする九人の天皇がいたという『記紀』の伝えを無視する理由は次のとおりです。

⑴崇神天皇には『記紀』ともにハツクニシラススメラミコト（所知初国天皇・御肇国天皇）、すなわち『はじめて国を治めた天皇』という称号を付している。大和の政権が本当に神武天皇からはじまっているのなら、崇神がこのような称号を持つはずがない。

⑵神武天皇の本来のよび名がカムヤマトイワレヒコであることでもわかるように、神話的存在であって、実在の人物とは思えない。

(3)第二代の綏靖天皇から第九代の開化天皇までの八代については、『記紀』ともに天皇の系譜だけをかかげ、事績・行動についてはなにひとつ記載がないこと。この八代は天皇家の系譜をひきのばすために、あとから挿入したのではないかと思われる。

(4)第九代までの天皇の和風諡には、七世紀以後に作られたものと思われるもの、あるいは天皇が実在の人間ではなく神的存在であることを示すものが少なくない。諡の問題から考えても、崇神以前九代の実在性は非常にうすい。

(5)『記紀』には崇神以前の天皇についても陵の存在が記されているので、これを理由に天皇の実在を主張する人があるが、現在祭られている諸天皇の陵を調べてみると、第八代孝元天皇までの陵の多くは、ただの丘か山のでっぱりにすぎない。第二代綏靖陵や第九代開化陵は古墳と認められるが、外形から判断される築造年代は四世紀以降で、初期の天皇の葬られた古墳とは考えられない。おそらく七~八世紀ごろ、これらの天皇を記録の上で作り出した後、天皇陵を適当に制定して作ったのだろう。なお、崇神天皇以後も、七世紀ごろの陵にいたるまで、現在いわれているとおりの天皇陵であるかどうか、疑問のものが多い、というのは考古学界の定説である」

つづいて直木教授は、古代日本では少なくとも三つの王朝が交替していると主張し、さらに諸学者の説を引用して、神武天皇が架空の存在であることをくりかえし述べて論証し、家永三郎教授の「神代の物語はもちろんのこと、神武天皇以後の最初の天皇数代の間の記事にいたるまで、すべて皇室が日本を統一してのちに、皇室が日本を統治するいわれを正当化するために作りだした物語である」（現在、問題となっている家永教科書の原文）という説を支持している。

津田博士の怒りと反論

まず言っておかねばならないことは、直木学説のこれらの諸項は津田左右吉学説に似ているようにみえて、実は似ても似つかない「偏僻な主張」であるという一点である。私の読んだかぎりでは、津田博士は右のようなことは言っていない。直木教授もまた、戦後、雨後の竹の子のごとく頭をもたげて津田博士を怒らせた自称「津田学派」の一人にすぎないらしい。

津田博士は、『日本古典の研究』上巻では次のように書いているだけである。

(1)「天皇について語られている物語が歴史的事実でないということは、必ずしも天皇の存在が否定せらるべきことを示すものではない」（三〇三ページ）

これは文献批判と歴史物語の関連と境界を示す厳しい言葉だ。

「綏靖天皇から開化天皇までの歴史の物語が一つもないということは、その天皇の存在を疑うべき、少なくとも強い根拠にはならない」（同ページ）

『記紀』が八世紀の初めに編纂され、そのもととなった文書は『帝紀』と『旧辞』であり、その正しいと思われる部分をとり、偽と思われる部分を削って、主として「皇室の由来とその権威の発展の情勢を説くこと」を目的として書かれたという点は、津田博士がくりかえし説いていることである。したがって皇室と関係の深い諸氏族の由来は書かれているが、民族についての物語でないことも、博士ははっきりと指摘している。しかし、博士はそれをいいとも悪いとも言っているのではない。原本となった『旧辞』に民族の歴史が書かれていなかった故であろうと推測しているだけであり、戦後の自称「津田学派」の言うように『記紀』が民族を無視した反人民的な「政治的欺瞞と抑圧の書」であるなどとは一言ももらしていない。

「皇族もそれに従属する諸氏族も、また一般民衆も、ともに一つの日本民族であったことは、昔の『帝紀』『旧辞』の編述者にもわかっていたことであろうが、民族というような概念はそのころは形づくられていなかったから、その起源を語ろうという欲求もまた生じなかったのであろう」（三二四ページ）

『記紀』が「無上の価値を有する大宝典であることはいうまでもなく、したがってそれに含まれている一々の物語が実際に起こった事件の経過を記したものでないことは、毫もこの点における『記紀』の価値を減損するものではない。『古事記』及びそれに応ずる部分の『日本書紀』の記載は、歴史でなくて物語である。そうして、物語は歴史よりもいたってよく国民の思想を語るものである」（三二五ページ）

これが文献批判家・津田左右吉博士の根本態度である。

(2)神武天皇と崇神天皇が同じハックニシラススメラミコト（はじめて国を治めた天皇）という称号をもっていることは、神武以後の八代の天皇が実在しなかった証拠であると直木教授は断言しているが、これも津田博士の学説とは無関係である。

直木教授が八代の天皇はただ名まえだけしか記されていないから、「天皇家の系譜をひきのばすために、あとから挿入されたものではないか」と推測しているが、津田博士はまったく逆に、「八代の間には幾代かの歴代の君主の名の欠漏があったかもしれぬ」と書いている。博士は『記紀』の記載の多くが物語であること、事実そのものでないことをくりかえし強調したが、崇神天皇よりはるかな以前に、年代はわからぬが、神武天皇に相当する大君主かヤマトに実在したことを信じ主張した。

ハックニシラスの称号の重複も必ずしも矛盾するものではなく、崇神天皇は国家経営の事業をなされた天皇のはじめであり、神武天皇はヤマトの朝廷のはじめの天皇であるからだと解釈している。自称「津田学派」諸教授の神武天皇否定論とは大いにちがい、津田博士の原説のほうが実証的で、現在の学生諸君にも受けいれやすい解釈であろう。

(3)古代の天皇陵についての直木学説は、一応認めてもよい。『記紀』と、おそらく『帝紀』、『旧辞』の中にも、古代天皇の陵墓の所在は記されていただろうが、それが後の古墳時代の応神、仁徳(にんとく)陵などと伝えられる陵のような大規模で壮大なものでなかったことはたしかであろう。祝詞(のりと)の中では、古代の皇居もまたいわゆる掘立小屋で、縄(なわ)結び式であったと記されているから、天皇の陵墓もこれに準ずる小規模のものであったろう。『記紀』の編纂者から江戸時代にいたる学者たちが、それぞれ苦心して歴代の天皇の陵の所在を推定したが、それが必ずしも当たっているとはかぎらない。日向と豊後境のニニギノミコトの可愛(えな)山陵も、『上記』の序文にでている日向と肥後境の第八代ウガヤフキアエズ媛(ひめ)天皇の山陵も、今は実証の方法もない。大和の神武天皇陵についても同様であって、所在は一応定められてはいるものの、果たして実物であるかどうかは、直木説の言うとおり疑問である。ただ、津田博士流に言えば、山陵が疑問であることは、ただちに神武非実在説にはつながらない。

さらに想像の翼をはばたかせれば、シュリーマンの「トロイの城壁」発掘のように、発掘と調査がすすめば、神話や叙事詩の中から、現実の城壁や宮殿も出現する。大和には三輪(みわ)山周辺だけでも正体不明の三百余の古墳があるそうだから、今後、何が現われてくるかわからない。おそらく神武陵確定の可能性は少ないだろうと私も思っているが、わからないことはわからないとしておくべきであり、性急な断定をつつしむことが学者の態度であろう。

(4)古代に少なくとも三度の王朝交替があったという説、すなわち皇統一系説の否定は直木教授にかぎらず、多くの戦後史家のくりかえすところだが、これも津田博士自身の研究とは関係

奈良県橿原市にある神武天皇陵。同市内には同じく神武天皇をお祀りする橿原神宮もある。（写真提供：橿原市）

ないようだ。博士の所論には私の読んだかぎりでは、王朝交替説はない。もし皇統断絶の気配でも発見したら、「批判の鬼」とも呼ぶべき津田博士が見のがすはずはなかろう。戦前は沈黙していても、少なくとも戦後の改訂版には、それを明記したはずだ。

博士は、神武天皇の日向から大和への「東遷」をさえ認めない。ヤマト王朝は初めからヤマトに存在していたとして、自説を次のように要約している。

「上代の歴史的事実としては次のことだけが推測せられる。いつからかということの今日からは知られない遠い昔から、この大八洲（おおやしま）に住んでいたわれわれの民族は、その状態がシナの史籍（『漢書』、『魏志倭人伝』など）によって知られるようになった時代には、多くの小国家にわかれていて、そのうちの一つにヤマト地方を領有していたものがあったと考えられる。その君主が皇室の祖先であったかどうかは、明らかではないが、上に述べた如く、遅くとも二世紀のころには皇室の祖先がそこに君臨せられたのであろう。それが四世紀の後半において、ツクシの南半、すなわちいわゆるクマソの地方を除くほか、ほぼ民族の全体を政治的に統一せられるようになった。これだけのことが推測せられるのである」（三〇八ページ）

永遠の昔から大八洲国全体が皇室の治下になっていたような『記紀』の記述は、事実にそむいている。だが、『帝紀』、『旧辞』および『記紀』の物語が作られた時代には統一はほぼ完成されており、その時代の現実の皇室の地位が遠い昔からそのとおりであったと書いたところに、『記紀』編者の意図も物語の精神もあるので、さもなければ、わざわざ勅命による史書をつくるわけはない、というのが博士の説である。これならうなずける。

『記紀』は、初めから皇室の起源を説くために書かれた物語であって、民族や民衆の歴史ではない。博士はそれを、戦後派史家の誤解したように、政治的欺瞞であるとは言ってはいない。ただ皇室のために書かれた記録であり物語であったと言っているだけだ。

さらに博士は、『記紀』の物語に、国家の内部に民族的な抗争があったような形跡が少しも見えないのは、注意すべきことだと言っている。

「これは、一方からいうと、最初に『帝紀』『旧辞』の編纂されたときにおいて、国家が昔から一つの民族（少なくとも当時においては一つの民族としてみられるべきもの）によって成り立っていた、と考えられていた一つの明証である」

「もし国家が一つの民族もしくはその君主が他の民族を征服することによって成立した、というような場合ならば、民族の興亡もしくはその勢力の消長が、国家の建設と密接の関係を有するのであり、またそれから生ずる民族間の反目や抗争は、決して短日月の間に消え去ってしまうべきものではなく、その記憶が容易に無くなるものでもないから、物語の上にも、そういうことが何等かの形で現われているべきはずであるが、それが全くみえない。言語や容貌や生活状態や信仰や風習やの異なっている多くの民族が国家の中にあり、そうしてそれらを統御することに努力し苦心したのならば、よし『記紀』の物語が、皇室のことを語ったものであり朝廷で作られたものであるにせよ、その反映が何等かの形において多くの説話の上に現われなくてはならぬが、それが少しもないのである」

「『魏志』（倭人伝）によると、三世紀におけるツクシには小国家間における幾分の勢力争いこそあれ、民族としては極めて安定の状態にあった。そうしてそれは、溯っては遅くとも前一世紀の時代、下ってはそこが統一された国家の組織に入った四世紀の有様と、間断なき連続をもっていて、その間に民族の移動のあったような形跡は、毫末も認められない」（以上、三〇八〜三一一ページ）

これは別に直木教授にかぎらず、戦後の自称「津田学派」が、日本古代史に階級闘争説やエンゲルス・レーニン流の征服国家説を持ちこみ、「歴史科学」の名において「非科学的暴論」を乱発し、王朝交替説や皇統断絶説を古文書から無理に発掘し、または自ら案出して、皇室に対する「放縦な言議」をふりまいたことに対する津田博士自身の反論と見ることができよう。

「津田学派」の諸教授は、博士の方法は学ぶが結論は学ばぬと逃げるかもしれないが、たとえば羽仁五郎、井上清、和歌森太郎、家永三郎諸教授を先達とする戦後史家の非学問的な歴史破壊と祖国誹謗の業績を見ると、この逃げ口上は通用せず、津田博士の怒りはもっともであり、博士の反論は正しいと言わざるを得ない。

第九章　神武実在説の復活

過去からのメッセージとしての歴史

私たちは、これ以上、津田博士とその自称「戦後派亜流」の学説にとどまっていることはできない。津田博士の功績は大きい。しかし、氏の『記紀』批判の底にあるものは、十九世紀風の実証主義であり、事実と記述とを対立させて、前者によって後者を否定する認識論では模写説と呼ばれる素朴な哲学である。この点だけをとって批判すれば、津田博士には最初から歴史家の資格がなかったと極言することもできる。森田康之助教授が、「歴史の研究方法は、その基本的構造においては、存在的分析と心理的分析との総合でなければならぬ」というドイツの哲学者ディルタイ（一八三三〜一九一一）の言葉を引用して、「歴史的認識の真理性に到達するためには、過去の完全なる再現を必須とするというのであるならば、歴史的真理は最初から断念さるべきであろう。……歴史的認識には模写説の成立し得ざることは、自然認識における以上に事は明瞭である」（中山久四郎氏編『神武天皇と日本の歴史』所収）と指摘したのは、津田博士に直接向けられたものではないが、津田学説の弱点を正確に射当てたものだと考える。

津田博士が日本の古典を実証的原典批判の名において、こなごなに切りきざんだだけで、それを再総合した正しい日本史を書くことなく終わってしまったのは、老齢のせいだけではなく、その認識論とその方法論が最初からあやまっていたのだ、と私は思う。

「津田亜流」の戦後史家たちにいたっては、そのほとんどが唯物史観の信奉者である。唯物史観が模写説の歴史への安易な適用であることは改めて説くまでもない。しかも、彼らの大多数は日本の共産化という偏僻な政治目的を持ち、その種の団体または政党に属し、日本の復興よりも破壊を望んでいるのだから、津田博士の学者的良心の代わりに革命的熱病に浮かされて、たとえば「家永教科書」のような、歴史的事実をさえ無視した奇怪な著作を公然と支持するのである。津田博士はたしかに学者であったが、戦後の「津田亜流」を学者とも史家とも呼ぶことはできない。

　歴史とは、ただ過去の事実の羅列によって成り立つものではない。日記や見聞録や旅行記はそのまま歴史にはならない。歴史は過去に起こった重要な事件と、その中で活躍した人間の心理・精神・理想を書き記す。両者のどちらを欠いても、歴史とは言えない。それが人間または民族の現在と将来にとって重大であり有益であるがゆえに、歳月を歴て残る史（歴史）であり、「ふるごとぶみ」なのだと田中忠雄教授も書いているが、森田教授はドイツの歴史学者カッシーラーの次の言葉を引用して、同じ意味を説明している。

「歴史家は、その資料と記念物を過去の死んだ残存物とみなすのではなく、過去からの生きたメッセージ、彼ら自身の言葉でわれわれに宛てられたメッセージとしてこれを読み、また解することを学ばねばならぬ」

史実に固執し、過去の遺物と記録の精神や理想を読みとろうとしない者は歴史家ではない。

神武実在論者たちの主張

さて、この章で私が述べたいのは、神武天皇の実在を信じて、これを論証しようとする歴史学者の数は、戦後の現在にも意外に多いということである。

前章で見たとおり、津田左右吉博士もまた、広い意味では神武実在論者の一人であった。崇神天皇以前の遠い昔の、どこかの時点に後に神武天皇またはカムヤマトイワレヒコと呼ばれた大君主が存在していたにちがいないと書いている。

戦後の桃色がかった否定旋風の中で沈黙していた正統派の歴史家たちが、昭和三十六年の「紀元節論争」を機として、それぞれ自発的に発言しはじめたのは一種の壮観であった。中山教授編『神武天皇と日本の歴史』に論文を発表した学者の数だけでも十名におよび、その中には津田博士の「建国記念日を設けたい」という異色の一文も加えられている。また、里見岸雄博士の『万世一系の天皇』の発刊は昭和三十六年十一月であり、橘孝三郎氏の大著『神武天皇論』

は四十年九月に出た。日本列島に吹く学風の色も、敗戦後二十年を待たずして、本来の清明の色を回復しはじめたのである。

『神武天皇と日本の歴史』に集められた諸学者の説の中で、神武実在説に関係があると思える諸点を紹介することから始めよう。

まず、時野谷滋教授は紀元節反対の諸学者の協同執筆になる(1)『日本の建国』（日本史研究会編）、(2)『紀元節』（歴史教育者協議会編）、(3)『日本のあけぼの』（三笠宮編）を批判的に紹介して、

(1)からは、「神武紀元というのは、歴史上の年が実在していないので、神武天皇という説話上の人物の即位という架空の事件の物語がつくられて、その架空の年を『辛酉の年』ときめたものであるから、これを基準にして、歴史年代を記録することはまったく不可能である」

(2)からは、「『神武東征』の物語は、当時の大衆はもちろん、支配階級の内でもなじみのすくない、新しくつくられた物語である」（藤間生大教授）

という発言を引用して、紀元節復活を峻拒する両書の性格を指摘している。

(3)は、共同執筆の各分担者が自由な立場で論じているので、見解に統一がない。たとえば、「神話はしばらくおき、その後の『記紀』の所伝がまったく根も葉もないこしらえごとであるという論者がいたら、それも『記紀』の本質を知らざるものである」（井上光貞教授）

「すくなくとも神日本磐余彦（カムヤマトイワレヒコ）という名前の人物の存在と、皇室の祖先が、ある古い年代に西の方から大和に移ってきたという程度のごく大すじのことまでを無から有をつくりだすように、『記紀』の編者が机上でつくりだしたものだといってしまうわけにもいかない」（関晃教授）

「神武天皇の即位の年月日が、このようにして（シナ古代の暦学である讖緯説によって）設定されたものであるといっても、神武天皇その人が架空のものであるということにはならない。……その言い伝えの一言一句が、そのまま史実であるとまでは思われないが、神武東征に史実の裏づけがあることは疑うことはできない」（大森志郎教授）

などの発言があることを引用し、にもかかわらずこの本の後半で、各執筆者が研究者の立場を捨て、「現代政治的視角に立って」紀元節反対論を展開していることの奇妙さを指摘している。

時野谷論文の題は『神武天皇紀と諸陵式』であって、「記紀の帝系譜」、「神武天皇の山陵」、「御東征の所伝」、「神武建国の年代」などを分析し、神武天皇の実在を慎重詳細に論じているものであるから、ここで紹介するのには、専門的にすぎて、私の力にもあまる。

ただ次の諸項だけは書きとめておこう。

(1)中山教授は和辻哲郎博士とともに、「物語の核としての史実」の存在を信じて、神武以下九代の陵墓が『帝紀』、『記紀』に書きとめられたのは六世紀から八世紀のころであったろうが、現に諸天皇をはじめニニギノミコトから神武の皇兄イツセノミコト、日本武尊、各皇妃の陵墓まで明記され、それと推定される山陵が存在していることは、軽率に否定できない。

(2)神武東征の所伝に、皇室の先祖の東征という「史実の核」があることは、一部の人をのぞいて、多くの史家が認めていることである。

(3)神武紀元の算定が讖緯説にもとづく推定であることは、江戸時代から認められていることであって、これは『日本書紀』編纂の時代にもっとも進んでいると信じられていた学問的知識に従って合理的に推定されたもので、編纂者の勝手な作為ではない。讖緯説にもとづく算定であることは、『日本書紀』の編纂者自身がよく知っていたのだから、今さら騒ぐことはないのである。

(4)田中卓教授は『日本国家の成立』という論文の中で、次のような仮説を述べている。

㋑皇室の発祥地は北九州筑後川下流（原ヤマト国）であり、当時畿内地方にはオオナムチ（大国主命）を奉斎する氏族が勢力を占めていた。

㋺原ヤマト国より、その一部が数回にわたり畿内に移住、進出した。ニギハヤヒの場合も同様であるが、オオナムチ神系氏族と結んで連合政権を作った。

㋩これに対して神武天皇の東征が行なわれ、ニギハヤヒは帰順し、皇室を中心とする「ヤマト朝廷」の基礎が確立した。イズモ氏がオオナムチの神を奉じて山陰出雲への移住を開始したのはこのころであろう。

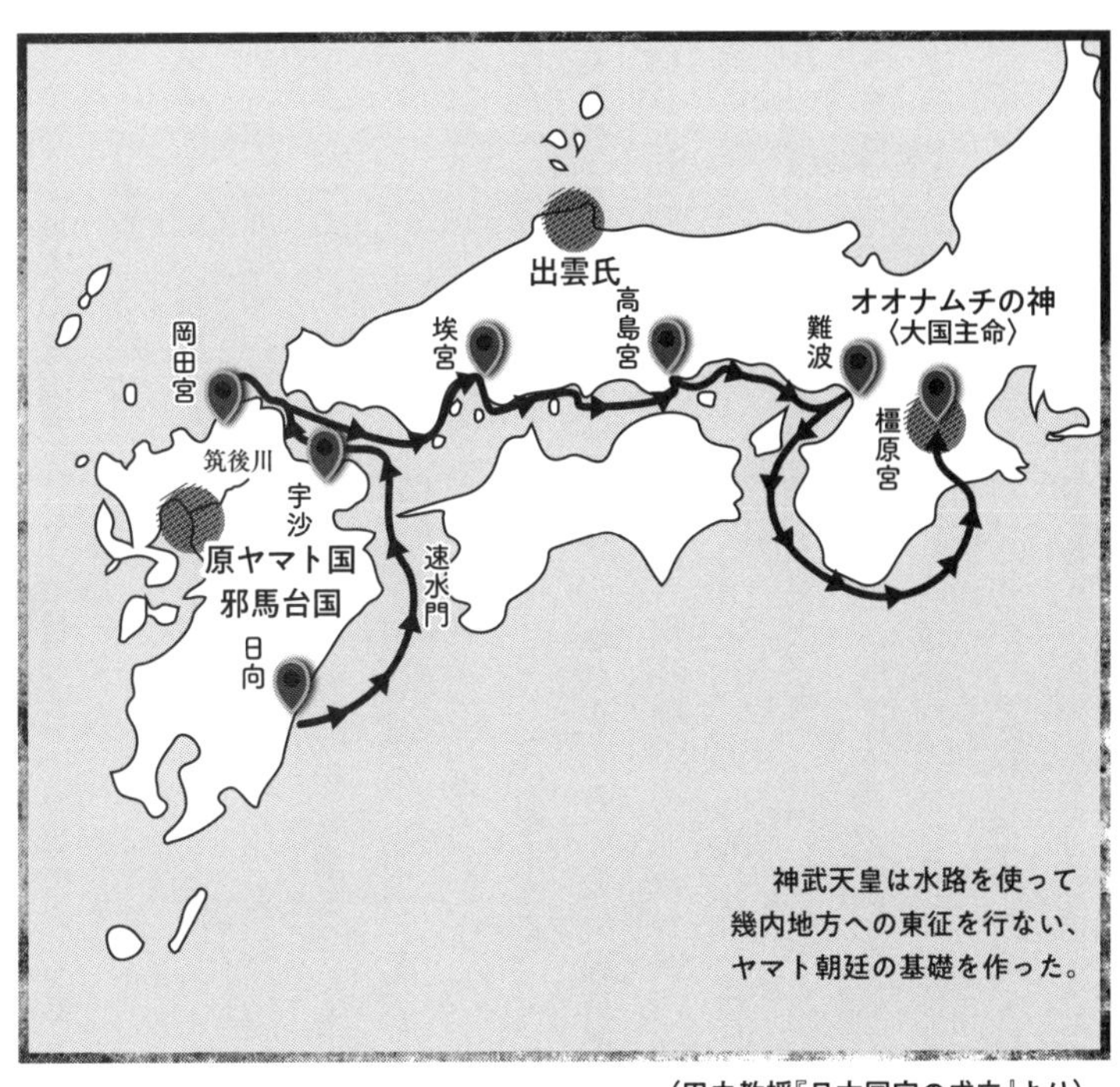

（田中教授『日本国家の成立』より）

㈡崇神天皇（第十代）のころには畿内統治が確立し、そのころ、原ヤマト国の後身耶馬台国が女王をいただいて隆盛をきわめた。

田中説も一つの新説であるから、賛成よりも反対のほうが多いかもしれない。私にも多少の異論はあるが、全体としては、無視できる思いつき論ではない。

神武紀元の合理的な推定

平田俊春教授は『神武天皇紀の紀年の意義』と『古代、中世における神武紀元の使用』の二論文を書いておられる。教授には他に『日本の建国と二月十一日』という単行本もあり、紀元節論争で大きな役割を果たした。
その論旨を要約抜粋すれば、

「神武天皇の時代から少なくとも十数代は全く暦の行なわれなかった時代であるから、紀年のない古事記的形態が書紀よりも古いものであり、書紀の紀年は故事伝承をもとにして作為したものであることはいうまでもない。しかし、紀元節論争においては、書紀の紀年は全くデタラメな根拠に基づき、不純な意図をもつものであり、今日においては一顧にも値しないという立場と、それは当時においては、もっとも合理的になされたもので、その誤りはやむを得ないものであり、作為の動機はその後の歴史的伝統とともに尊重さるべきであるという立場が対立した」

「この学問的な対立に政治的問題がからみ、天皇制打倒を終局の目的とする進歩陣営の人々が前者と結び、天皇制護持を願う保守陣営の人々が後者と結んで、それぞれ自分に都合のいい議論だけを述べたために、問題はいよいよ混乱した。われわれはまずこのような政治的立場を離れ、『書紀』の紀年作為の事情を冷静に考察してみる必要がある」

「神武天皇元年が讖緯説に基き西暦前六百六十年辛酉の年におかれていることは学界の定説と言ってよい。讖緯説とはシナの道家の学説で、一千二百六十年ごとに大変革が起こり、その年を辛酉と甲子とするものであるが、これを日本にあてはめて神武元年を推定したのは聖徳太子の時代であったと考えられる」

「聖徳太子の時代には文化が躍進するとともに、(漢風の)天皇号が制定され、隋との対等外交も推進されて、日本という国号も用いられはじめたようであり、日本が国家として初めて整えられた時代であった。この点で神武紀元は、日本国家整形期における国民的自覚の現われであり、日本発展の基礎となった時代の精神の生んだ最も貴重な文化遺産の一つと言ってよいであろう。神武紀元の作為の動機は日本の歴史をことさらに長くするためであったという批難はあたらない」

「ところで、こうしてできた神武紀元の欠点、弱点は、不合理なこと、あるいは外国の史書と年代があわない点が多いということである。その故に戦後の、いわゆる科学的立場をとる人々によってでたらめとして攻撃されるのであるが、彼らの論拠となったのは明治時代の那珂通世学説である。神武紀元が讖緯説によって作為されたことは、すでに江戸時代に本居宣長や伴信友によって論じられたことであるが、那珂博士はそれを受けて、朝鮮史その他の紀年と参照して、神武紀元は約六百年、不当に引きのばされていると判定し、百歳以上の天皇や武内宿禰のような三百歳以上の重臣が現われているのは、紀元延長の故だと論じた。博士の説は進歩的陣営の学者たちによって大いに宣伝され、その影響をうけた中学教師などは、『生徒に神武紀元のデタラメと紀元節復活のナンセンスを理解させるためには、神武から仁徳までの百歳以上の天皇を紹介するのが一番効果的である』と喜んだ」

「しかし、魏志倭人伝にも、『其の人長考或は百年、或は八、九十年』と特筆しているように、紀元三世紀ころの日本人にはシナ人の注意をひいたほどの長命の人も多かったのであろう。これは伝承となって次第に成長して、上古の天皇の長寿伝説を生んだとも考えられる。この長寿伝説と讖緯説を総合して、書紀が紀年を行なったことは、一つの合理的態度である。那珂博士のように、ただ代数の伝承のみを信じて、天皇宝算の伝承を無視することは歴史家の態度として必ずしも合理的とは言えない」

平田論文は、それにつづく水野惟之、中山久四郎、名越時政、藤井貞文諸教授の論策とともに、興味深く、しかも詳細な文献的、暦学的研究を展開しているが、それぞれ専門的研究であるから篤志の読者には原文について見てもらうことにして、ここでは我流の素人論ながら、私見をつけ加えておきたい。

一つの私見

くりかえすが、神武天皇即位の年は『古事記』にはなかったので、『書紀』の編纂者たちは当時の暦学の最高水準と信じられていた讖緯説に立って、辛酉神武紀元を推定した。まさしく推定であって、史実とは言えない。しかし、那珂通世博士の短縮論も一つの推定であって、これを絶対視することはできない。最近は、那珂説をさらに二百年ほど短縮すべしという新説も現われてきた。

たとえば東洋大学の市村其三郎教授は、昭和二十七年に『秘められた古代日本』を書き、「日本紀元を六百余年短縮すべきだという那珂博士の主張は明治時代の画期的な新説であったが、それをさらに二百余年短縮しなければならぬ」と述べている。しかし、これも神武天皇の存在とそれにつづく天皇系譜を否定するための説ではない。
『神武東遷』（中公新書）を書いた安本美典教授は「数理文献学」という独特最新の学問の上に立って、「自分の説も市村其三郎説に一致する。つまり神武天皇は『日本書紀』の記載よりもずっと後代の人で、アマテラスオオミカミも年代的に『魏志倭人伝』のヒミコと一致する。そのヒミコの後継者である神武天皇がまず九州に国をつくって、それから大和に東遷した」と、結論している。

まさしく新説にちがいないが、これもまた一つの推測である。推測統計学・情報理論・確率論・因子分析法など、私の知らない学問とコンピューターまで利用した結論だそうであるが、果たしてそれが生きた人間の歴史の解明にどの程度の確率を示し得るものか。まったく役立たないとは、私とても思っていない。安本新説の批判は専門家におまかせするが、ただ安本教授もまた年代を下げて神武天皇の実在を認める一人である点に、私は興味を持つ。

その他、最近の若い史家の書いた上代史を数冊読んでみたが、神武天皇から崇神天皇以前の九代の天皇の存在を否定する一派の主張は、だんだん影をひそめてきたようだ。積極的に存在を肯定しないまでも、それを『記紀』編纂者の机の上の作り話であり、でたらめだと断定するでたらめ学者は少なくなった。ただ、『記紀』の記載と紀年をそのままには信ぜず、崇神または応神天皇以前の年代を短く切りつめることによって実在を認めようとする傾向が強くなっているのは、推理小説家の苦心を思い出させる。

『記紀』を必ずしも全面的に信ずべからずと江戸時代に言いだしたのは、まず新井白石、伴信友そして平田篤胤だという。『日本神話』（岩波新書）の著者上田正昭教授は、「平田篤胤という人は大変学問好きな人で、本居宣長が『古事記』ばかり重んじて『日本書紀』を軽んじたのはよろしくない、宇宙創造神としてのアメノミナカヌシノカミは『書紀』にも出てくるのであるから、このほうに重点をおかねばいけない、と言いだしたのは篤胤である。篤胤の神学というのは、そういう観点から見ると非常におもしろい」と毎日新聞の対談で述べている。

『記紀』にもれた説話を取りあげたものに斎部広成の『古語拾遺』があり、これは『記紀』と矛盾した点が多いので偽書として葬られていた。この本を重要視したのも篤胤である。いろいろな点で自由で進歩的だったのが、平田学派であり、その故に維新の原動力の一つになった。明治元年には、主として平田派の学者を集めて神祇官が設けられ、同三年には大教院が新設されて、排仏棄釈運動の中心になった。この運動も長くつづかず、平田派の主張も次第に軟化し、明治十年をすぎると、国家神道への方向がいちじるしくなり、祭神、管長の選定は天皇の裁定にしたがうと決議され、やがて官幣大社、国幣中社などの位づけも行なわれて、村々の氏神様をのぞく神社の神職は官吏の一種になった。国家神道になってしまうと、江戸時代の仏教と同じく、宗教の真精神は失われがちになる。そのために、天理教や大本教などの神道的大衆宗教の中にかえって古神道の精神が保存され、その故にこれらの新興宗教は政治的弾圧をうけるという奇現象さえも生まれた。

話が横道にそれたが、神武天皇実在・非実在の論議にかえせば、外国の歴史にあわせて神武紀元を短縮し、ヒミコは天照大神または神功皇后であるとか、崇神天皇以前九代の天皇は架空であるとか、神武天皇即崇神天皇だという勝手な推測を立てるよりも、津田左右吉博士のように、「崇神、応神天皇よりはるかに遠い時代に、後に神武天皇と呼ばれる大君主が実在していたので、問題の九代の天皇の系譜には何代かの脱落があるのではないか」という推測のほうが、私にはより合理的に思える。「すべての学問上の仮説は四分の一の事実の上に四分の三の推測を加えて成立している」ことを認めれば、神武天皇は『日本書紀』の推定よりも、もっと古い時代の天皇であった、という逆推測も可能であろう。『記紀』には反するが、神武を初代天皇とせず、それ以前に約百代に近い天皇が存在したという『富士古文書』と『上記』の所伝に、私が興味を持つのは、この故である。

第十章　天孫族と出雲族

民族とは何か

「神武天皇実在論」をさらに発展させるためには、ここで天孫族と出雲族にふれておかねばならない。

学者の説によると、日本列島に人間が住みはじめたのは、十万年または二十万年前からだと言う。これは地質学者と人類学者の推定であって、歴史の領域ではないが、一応知っておくことは必要であろう。それ以前はどうであったかというと、大林太良助教授の『日本神話の起源』に出ている想像図によれば、石炭紀には日本列島はまだ海底にあり、ジュラ紀に海面に姿をあらわしたが、白亜紀には大陸の一部になり、鮮新世、第四紀には日本海が内海になり、第三氷河期にようやく列島の形をとりはじめたが、まだ北はカラフト、南は九州が大陸とつながっていた。ナウマン象のような大陸動物はこの時期に移動して来たのであろうがやがて絶滅した。奈良橿原の大和歴史館には、古墳群のあいだから出たという巨象の牙の化石が陳列されているが、歴史館主任伊達宗泰氏は洪積世のころのものかと推定している（『大和考古学散歩』）。洪積世は日本列島がまだ大陸とつながっていた時期である。二十万年から十万年前に、地質的変動により日本列島は大陸から切り離され、人間は朝鮮海峡の狭い海面を横断するか、南方から北上するか、北方から南下するかして、列島の各地に移住したのであろう、とエール大学のジョン・ホール教授も推測している（ホール『日本の歴史』尾鍋輝彦氏訳）。

移動と移住が活発になったのは、約二万年前、第四氷河期解氷前で、もっとも古いのはマレー、ニューギニア、フィリピンに今も残っている原ネグロイド系の人種と、アイヌやオーストラリアのブッシュマンと同種の原コーカソイド系の人種である、モンゴロイド（いわゆる黄色人種）がやって来たのはその後のことで、彼らはいくつかの波をなして大陸を縦横に荒れまわり、先住民を追い出すか、同化するかして、今日ではモンゴロイドが東アジアを完全に支配している――とホール教授は言っているが、これは先に挙げた西村真次教授の説とほぼ一致する。

日本の新石器時代、すなわち縄文時代がはじまるのは、第四解氷期以後である。考古学は約一万年以前までさかのぼることができるようになった。原日本人の初歩的または基礎的形成は、この一万年の前半、すなわち約五千年前の縄文時代中期ごろに一応達成されたのではないか、と私は推測する。

初歩的または基礎的という言葉を使ったのは、民族という概念はちょっと簡単には使えないものであるからだ。人種ともちがい、国民ともちがい、また原始時代の部族とか種族とか氏族など

①石炭紀

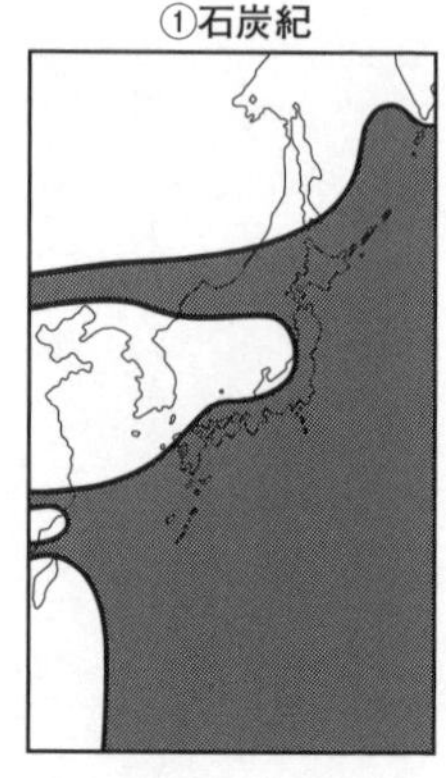

②ジュラ紀

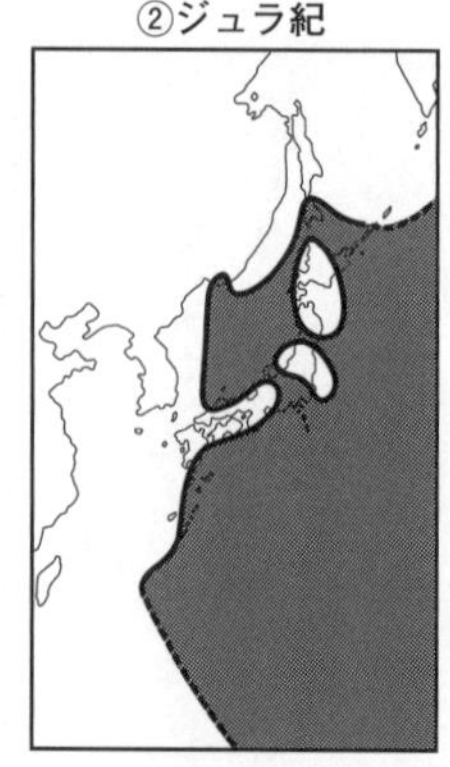

③白亜紀

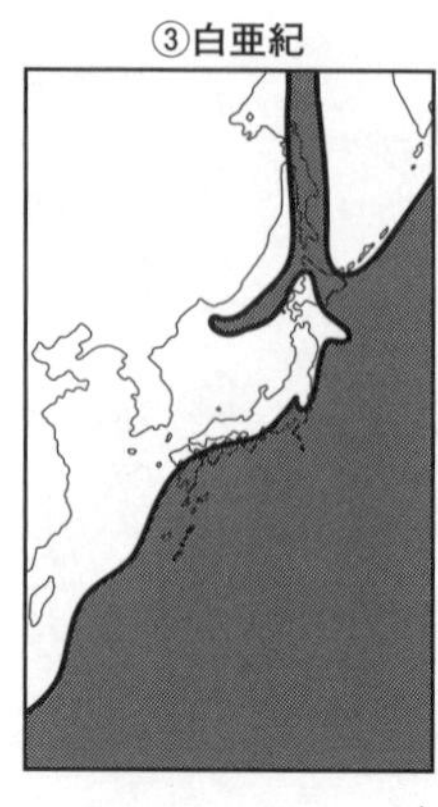

大林太良『日本神話の起源』による太古の日本列島想像図。

と呼ばれる小集団ともちがう。石田英一郎教授によれば、「民族とは一定の地域に長期間、共同の生活を営むことによって、言語、信仰、そのほか各種の文化内容の全部もしくは大部分を共有し、同一の歴史と伝統と運命のもとに、『われわれ』という共通の集団帰属感情によって結ばれるようになった人間集団の最大単位である。一人種が必ずしも一民族ではなく、国民と民族とが常に一致しているわけでもない。多数の民族が一国家に統一されたり、同一民族がいくつかの国家に分割されたことは、古今の世界史が示すとおりである。

ただし、日本という国が少なくとも有史以来、一民族、一言語の民族国家であったことを否定する学者は少ない。大陸文明の輸入にともなう異民族の移住は行なわれても、日本人の特性を一変せしめるほど大規模な民族の移動や征服の事実のなかったことは、すべての史家の一致して認めるところであろう」（石田氏「日本民族の形成」、『日本の

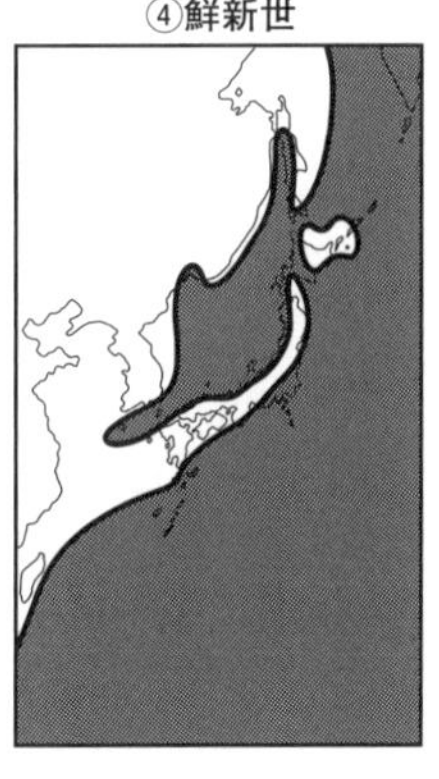

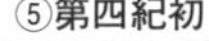

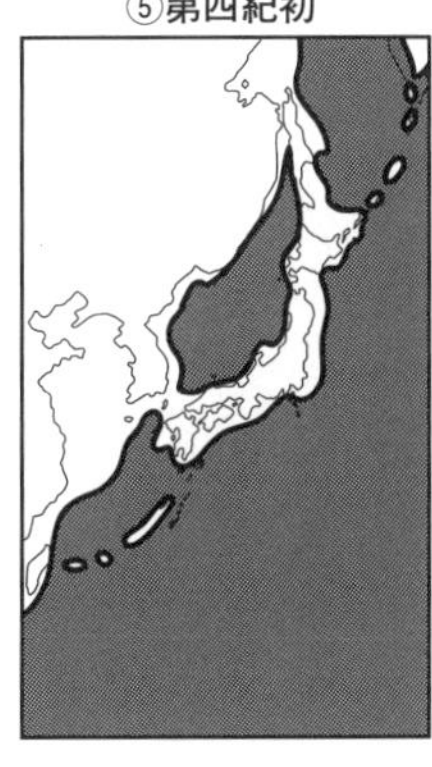

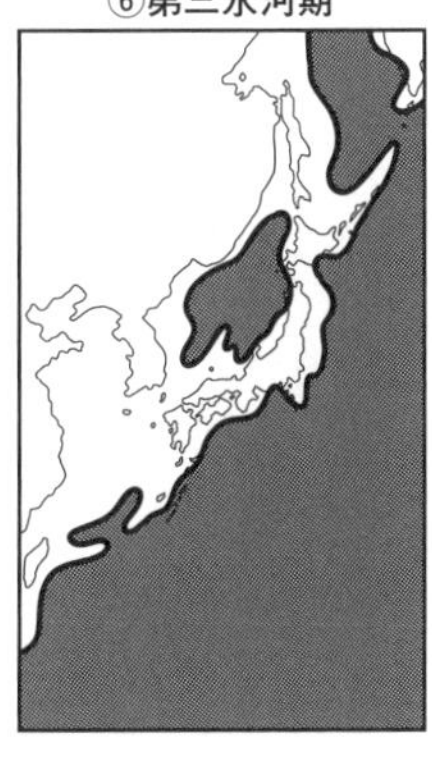

あけぼの』所収』)

慎重な石田教授は学界の現在の通説に敬意をはらい、日本民族形成の基礎は弥生時代に築かれ、古墳時代末期の大和朝廷成立のころ、ほぼ完成されたものだとみる。しかし、弥生時代以前に約七千年以上続いたとみられる縄文時代の重要性をも認めて、縄文文化のすべてを、農耕をともなわぬ狩猟、漁撈、採集の原始生活と見ることには疑問を持ち、「一応の仮説として、日本民族の形成過程における第三の大きな転機を、縄文中期において考えてみてはどうかと思う」と述べている。

縄文中期といえば、学者によって説は異なるが、今から約五千年から四千年前とみてよかろう。私がまわってみた信州と甲州の遺跡はほとんど縄文中期と推定されるもので、岡本太郎君を驚嘆させ興奮させた活力にみちた怪美ともいうべき縄文土器が、八ガ岳山麓と諏訪湖畔のすべての考古館に陳列されていた。

諏訪の町で泊まった旅館の主人が民間考古学者として名高い藤森栄一氏であった。縄文農耕論（縄文中期ころから何かの形の農業があったという説）の有力な主張者であり、著書も十数冊もあり、その中の『銅鐸』は毎日新聞出版文化賞をうけた。ちょうど高血圧で入院中だったので、私はお見舞いだけに行き、著書数冊を買いこんで帰って来たが、最近は『湖底』という珍しい考古学推理小説まで出しているから、もうお元気なのであろう。

藤森氏の『銅鐸』の中に、次のような挿話がある。まだ戦前の中学生のころ、考古学熱心の先輩がいて、「日本には天皇があちこちにいた。大和の天皇も諏訪神社の大祝（大神主）天皇も同格であった。ただ経済力が強いために、大和朝廷が支配者として残ったのだ」藤森少年は、まるで悪魔のささやきを聞いたように体がふるえたが、この言葉は生涯忘れることができない、という一節だ。

戦後の現在では、このような見方はタブーではなく、すでに常識であろう。大和の天皇は各地に発生していた豪族の闘争と妥協と協力の中から発生して、諸豪族をことむけやわして（服属させて）日本の天皇になった、と言っても皇室を傷つけることにはならない。橿原で即位したという神武天皇は多くの学者の推定するように、弥生時代の初期の人物であったかもしれないが、その前に五千年から八千年の縄文時代があったとすれば、日本民族の初歩的形成も国家の初歩的基礎も、この長い年月のあいだに準備されたと見るのが当然であろう。

天孫民族も出雲民族も存在しなかった

天孫民族、出雲民族、クマソ民族、アイヌ民族などの分類が無意味であることは、津田左右吉博士も言及し、また西村真次博士は、弥生時代ころまでに日本人の混血は完成され、一民族と呼びうる実質をそなえていたと述べ、さらに長谷部言人博士は、日本人は混血人種ではなく、古代から単一人種であったとさえ主張している。こういう学説が現われるのも、混血か否かはともかく、日本人がはるかな先史時代に民族形成の少なくとも初歩をふみ出していたことの傍証であろう。ヤマト人、イズモ人、コシ人、クマソ人はいたであろうが、それは各地方の住民の意味であり、これらを民族と呼ぶのは当たらない。

最近では、「日本文化の深層分析」と呼ばれる新しい試みが、若い学者たちによって行なわれている。これは『記紀』や『魏志倭人伝』を越えて、古代日本の実態を探ろうとする大胆な研究であって、たとえば上山春平教授編『照葉樹林文化（日本文化の深層）』などがそれであり、今西錦司博士をリーダーとする「京大人文科学研究所」の若手の学者が共同研究に参加している。

上山教授の「はしがき」を要約すれば、

「今日の日本文化の表層をなしているものは、産業革命以後のヨーロッパ的色彩が濃厚であるが、一皮むけば、その下にはシナ文化の色彩の強い農業社会的文化がねむっており、さらにその下には、無土器文化とか縄文文化と呼ばれる農耕以前の狩猟採集的文化がねむっている。

しかし、『ねむっている』という表現は必ずしも適切ではあるまい。縄文文化の遺産は、弥生時代の農耕文化の中で姿を変えながら生きつづけたにちがいないし、弥生文化は今日の文化の中でいくらかの変形をこうむりながらも、現にさまざまな姿で生きつづけている。

たとえば、今日、日本の津々浦々に、『神社』と呼ばれる固有信仰の施設があり、祭礼が毎年くりかえされ、その儀式が現代文化の最尖端を象徴する新幹線や高速道路の開通式、超高層ビルの起工式などに登場するのを見る。現代文化のなかでかくもたくましい生存力を発揮しつつある『神道』という名の固有信仰は、おそらく通説のように弥生文化あたりに発するのではなく、その根は深く縄文文化にまで達しているに相違ないと私は考えている」

同感である。私も『緑の日本列島』の中で、高層ビルの上にある小神社や、二十万トン・タンカーの進水式や、乗用車、トラックの運転台の神社のお札や、一万トン級のマグロ船の乗組員が休暇をもらってアフリカ沿岸からジェット機で帰郷すると、妻といっしょにまず参拝するのは氏神様である、などの例をあげて、同じ趣旨を述べたことがある。

上山教授はつづける。

「また、『天皇制』と呼ばれるものは、おそらく『神道』ほどに古いものではあるまいと思われるのだが、それは遅くとも七、八世紀ころまでには、後に『神道』と呼ばれる土着の固有信仰のロジックによって権力の正当性を基礎づける作業をほぼ終わっており、以来、『神道』のたくましい生命力にたすけられてか、いくたびかの危機をきりぬけ、たかが封建時代の産物にすぎない諸外国の君主制が軒並みにつぶれていくのをしりめに、危機意識めいたものさえなく、すこやかに生きつづけているかのごとくである」

これは、やや遠慮がちな天皇と神道の肯定論のように思える。日本の固有原始信仰が多少とも体系づけられ、現存の伊勢神宮、出雲大社、春日（かすが）神社のような神社神道の形をそなえはじめたのは、仏教渡来以後だと、上山教授の友人の哲学者梅原猛も書いている。梅原氏によれば、出雲大社の大建築は大和地方の仏教寺院の影響、またはそれへの対抗意識によって生まれたものだろうという。

私は先日、発掘中の飛鳥遺跡とそのまわりの寺々を歩いたが、この時代のシナ文明臭、仏教臭には多量の違和感を持たざるを得なかった。日本最初の「文明開化」の長所と短所、とくに短所の露出に閉口したと言ってもいい。この感想を保田與重郎（やすだよじゅうろう）君の前でもらしたら、「そう、あの時代の奈良・大和は一種の植民地だったからね」と、微笑しながら答えてくれた。

私を感動させたのは、三輪の大神（おおみわ）神社や天理市の石上（いそのかみ）神宮に残る古神道の面影である。これらの神社には江戸時代までは拝殿もなく、山そのもの、石そのもの、老樹そのものが御神体であった。神社神道は上山教授の説のとおり、新しいものである。伊勢神宮もまた然（しか）り。上山教授の学派は日本文化の深層分析のために、国家成立後の「天皇制」や神社神道を超えて、それ以前のものに透入しようとしている。教授が、とくに今世紀にはいって軒並みにつぶれて行った諸外国の君主制を「たかが封建時代の産物にすぎない」と喝破して、日本の「天皇制」とのあいだに一線を画したのは卓見であろう。

梅原猛氏の新研究

上山教授の友人、または門下、梅原猛氏の名が出たので、氏の近業である『日本精神の系譜』（季刊「すばる」連載）について一言したくなった。これは筆者自ら「日本古代史のコペルニクス的転換」と称するだけあって、目を見はるばかりの「新説」にみちた力作である。読んでまことにおもしろいが、もともと哲学者である梅原氏の所論が回を重ねるにつれて「あまりに哲学的」となり、ヤマタノオロチは三輪山またはオオクニヌシノミコトであるとか、『古事記』の口誦者、編者は太安麻侶でも稗田阿礼でもなく、元明女帝と特殊な関係のあった藤原不比等であり、『古事記』は彼が女帝の老後をなぐさめるためのエロチックな「秘書」であったなどという哲学的推測に恐れをなして、第二回までで失礼したが、しかし、従来の『記紀』常識を乗り越えた「深層分析」には、傾聴すべき部分も決して少なくない。

梅原氏は次のように語りはじめる。

「『古事記』『日本書紀』について、戦後の、日本の歴史学者は、あまりにも不信の目を投げた

大神神社。奈良県桜井市三輪山にあり、祭神はオオクニヌシ。拝殿はあるが、神殿はない、原始神道そのままの神社である。（写真提供：Yama / PIXTA）

石上神宮。奈良県天理市にある。神社の東側にある山自体が「御神体」という、古代の自然信仰の面影を残している。（写真提供：Yama / PIXTA）

のである。そしてその不信の目は、同時に自国にたいする不信の目でもあった」

　このことについては、本居宣長と津田左右吉という両碩学も、その責任の一端を負わねばならない。宣長は、こざかしい人間の知恵で、神代のことをあれこれ言挙げするよりも、神典として『古事記』の言葉をそのまま聞け、という態度をとった。それはたしかに、すぐれた解釈方法であったが、宣長の頭の悪いエピゴーネンたちが、とくに戦前の教育で、『記紀』の神話を疑うべからざる史実として教えようとした。これに対して、津田左右吉氏は軍国主義時代にも「健全な醒めたる理性」として、『記紀』の原典批判を貫きとおしたが、戦後の進歩的学者は津田学説の「否定の執念」にとらわれた一面だけをうけつぎ、『記紀』を無視と忘却の中に投げこんでしまった。

「私にとっては、津田左右吉は、真理と虚偽の見分けのつかぬ一人の懐疑主義者に外ならない」

と梅原氏は評して、戦後の学者が考古学の成果を歴史的叙述に代えたことを責めている。古代の壺や剣や玉はもともと人間のつくったものだ。そして、人間は上代にさかのぼればさかのぼるほど神々を厚く信じていた。古代人を研究するのには神々の研究が必要である。

「神々の研究をするためには、神社を研究すると同時に、『古事記』『日本書紀』を研究しなければならぬ。こうして再び、われわれは『記紀』の研究に投げ帰されるのである」

　ここで、梅原氏は一つの「大いなる仮説」を提出する。スサノオやオオクニヌシの活躍する出雲神話の舞台、すなわちイズモ族（民族ではない）の根拠地は実は大和であり、出雲は彼らの神々が追放された場所であると考える。この仮説は『出雲風土記』と『記紀』とのいちじるしい相違に着目した田中卓教授の『住吉神社史』の中にも萌芽があるが、梅原氏は、それを大胆に発展させて、「出雲は出雲族が追われた場所ではなく、八世紀の大和朝廷が、そこへ出雲族の神々を追放しようとした場所である」と書いている。

神々の追放が八世紀であったか否かには問題があるが、梅原氏のこの視角には、私も賛成したい。

梅原氏の大仮説

梅原氏によれば――最近の宗教史学は、神社崇拝が行なわれたのは、かなり後の時代であることを明らかにした。日本人の最初の信仰は自然信仰であった。一つの山、一本の木、一個の石が神であり、または神の宿るところとされた。その名残りは、今日、大神神社や石上神宮や沖の島に残っている。したがって、神殿はおろか、徳川時代までは拝殿もなかった神社が少なくない。沖の島では島そのものが神であった。

出雲大社も大和における仏教大寺院と前後して建築されたものと想定される。出雲族の本拠は大和であったのではないか。三輪の大神神社の祭神はオオクニヌシである。大和、山城をはじめとする近畿地方には出雲族の三輪氏、賀茂氏系の神々を祭る神社がはなはだ多く、四国地方まで及んでいる。

ここで、梅原氏は次のような大仮説を立てる。

(1)ヤマタノオロチは三輪山であり、オオクニヌシのイメージであり、オロチを斬ったスサノオは天孫族ニギハヤヒのイメージである。

(2)神武天皇の侵入以前にヤマトを支配していたオオクニヌシの正統な後継者は三輪山の麓にいたナガスネビコであるが、「二重スパイに似た天孫族ニギハヤヒが計略を用いて」彼を殺した。これは単なる一人の人間による一人の人間の殺害ではなく、神の殺害、すなわちオオクニヌシという出雲族の神の殺害にほかならない。

(3)自分は神武東征の説をほぼ史実と考えるものであるが、鏡を皇位継承のしるしとする北九州の天孫族が、銅鐸の祭りをしていた出雲族の故郷である大和になぐりこみをかけた。そして北九州の勝利、天孫族の勝利が、『記紀』の神武紀の意味である。

(「二重スパイ」とか「なぐりこみ」などは梅原氏自身の用語である。哲学者らしからぬという人もあるかもしれないが、私は若い教授の意気さかんな学問的闘志の表われとみて、そのまま用いた。「物の真実を直視すれば、必ず、物は今までとちがった認識の光で見られるのである。奇説を弄しようとするケチな精神などはくそくらえである」という勇ましい一節もある)

(4)古代には、日本においておそらく空前絶後のイデオロギーの戦いがあった。イデオロギーの戦いは、当時においては宗教の戦いであった。

(5)九州から東征した神武天皇は天孫族の武力による勝利をもたらした征服者であり、崇神天皇は武力による天下統一の失敗を認めて、出雲族のオオクニヌシ信仰を復活した宗教改革者であった。両天皇ともにハックニシラスという名を持っているので、あわて者の歴史家は両者を同一人物だという。「しかし、『記紀』の作者のほうが、そういうあわて者の歴史家より、はるかに歴史の流れを知っている。神武帝は武力統一を可能にしたハックニシラススメラミコトであり、崇神帝は古代日本の宗教、イデオロギーを確立したハックニシラススメラミコトである。武力だけでは日本の統一は完成しない。新しく日本国家を構造する宗教、あるいは指導原理が確立されて、日本国家の基礎が確立されるのである」

梅原・コペルニクス仮説の紹介は、この程度にしておこう。私には批判の力も学識もないから、それは専門の学者におまかせする。私はただ、大仮説への賛否はともかく、梅原氏の勇気と闘志に感じ、それを支えとして、「偽書復活」の小冒険旅行をつづけようと思うだけである。

第十一章　古代の外寇と内乱

『徐福記』の保存史

まず『富士古文書』と『神皇紀』の原本と伝えられる『徐福十二史談』の成立とその保存史の大略を記しておこう。

徐福日本渡来の伝説を最初に記録したのは、吉田光由（よしだみつよし）『和漢合運』という年代記らしい。この人は江戸時代の寛文（かんぶん）十二年に没した数学者で暦学者をかねた学者であった。私は『和漢合運』を読んでいないので、推測以上に出ることはできないが、彼の記述は、紀州地方に古くから伝わっていた徐福伝説がもとになっていたのであろう。すべて伝説や伝承は「史実の核」をもっていることが多い。徐福の日本渡来説は、すでに述べたとおり、シナ本国やヨーロッパでは、史実と認められて、その上に学説を組み立てている学者が少なくない。ふりかえろうともしないのは、日本の戦後派の史家だけであろう。

徐福が秦の始皇帝の命によって大船団をひきいて出発したことは、『史記』の著者司馬遷を信じるかぎり、史実に近い伝承と考えてよかろう。出発以後の記述はどこの国にもない。日本の紀州に徐福が上陸し、彼が富士山を蓬莱山と信じて富士高原にのぼったことは、必ずしも可能性のないことではない。

不老不死の仙薬をあきらめて、富士高原に永住をきめ、もともと儒・仏・道学に通じた一流の学者であったので、日本古代史の編述者となり、『徐福十二史談』を書き残したという伝説も、また興味深い。

徐福が竹簡または木の葉に書いたという原本はもちろん残っていない。これは『古事記』の原本になった『帝紀』や『旧辞』も消滅して「幻の書」となっているのと同様である。残ったのは写本の写本であり、したがって誤写や欠落や後人の付加があるのは、すべての古文書に共通の運命である。

『徐福十二史談』の保存史は『神皇紀』の中にあるが、年代が明記されているので、かえって後世の付加かと怪しまれるが、それも問わないことにして、その大略を述べることにしよう。

徐福は孝霊天皇（七代）の治世に渡来して、八代孝元天皇の世に富士山麓の中室で死んだ。

『十二史談』は、「神代実記」、「神都実録」から「筑紫再戦記」、「神代天皇不二記」などを含む十二編であるが、その他にも徐福の子孫が継続して書きついだと伝えられるものが十数編あった。

『十二史談』完成当時の大宮司はスサノオノミコト六十八世の孫尾張田彦であった。彼は『史談』を阿祖山大神宮の宝物として宝蔵におさめ、代々の大宮司がこれを守護した。尾張田彦八世の孫福地佐太夫のとき、応神天皇の第二皇子大山守命が徐福学を学ぶために佐太夫の館に来て、やがて佐太夫の長女と結婚し、福地記太夫と名乗り、大宮司の職をついで『古文書』を守り、これにもとづいて『高間原神代実記』、『高間原神都実録』、『阿祖山社由来記』を書いた。

応神天皇が崩御されると、大山守皇子（福地記太夫）は阿祖谷小室に父天皇と祖母神功皇后を祭り、その宮の下に移り住んで、姓も宮下と改めた。現在の宮下家の祖であるという。

応神天皇崩御を好機として、富士高原の諸豪族、タケミカヅチの後胤カシマヒコヲ、タケミナカタの後裔スワヒコヲ、アメノフトタマの後胤アワタヒコヲらが、大山守皇子を奉じて神都復旧を企て、大和の中央政権に反旗をひるがえした。初めは反軍の勢いがさかんで、富士川の嶮を守って奮戦したが、皇軍に破られ、大将カシマヒコヲは大山守皇子と名乗って水中に投じて溺死を装い、ひそかに下流に上陸して、まず大山守皇子を相模の国に移し、なおも抗戦をつづけた。

皇軍の勅使香古坂王は単身小室の家基都に乗りこみ、大山守皇子が戦死された今は、その他の罪は問わぬと慰撫したので、反軍は喜んで和を結び、大山守皇子を相模の潜伏所から迎えた。皇子は大室の川口村太田山の麓に住み、姓も太田と改めて、ここで死んだ。

第二代大宮司は大山守皇子の第一子で宮下源太夫明政と名乗り、仁徳天皇の五十五年まで生きた。

この章には、天照皇大神宮を大和の笠縫の里から伊勢の度会の里に遷し、矢代宿禰の後裔、舟田彦を伊勢大神宮の供物司長としたという記事がある。

第三代大宮司は宮下記太夫仁忠。第四代宮下源太夫政正から、第二十一代源太夫秀元にいたる間には徐福文書に関する記事はなく、第二十二代宮下福地太夫元長のときにようやく出てくる。

「天智天皇四年八月、中臣朝臣藤原物部麿、徐福伝のようやく腐朽せんとするを慨き、これを謄写しにけり。これより各大宮司は謄写の徐福伝と腐朽せる徐福伝を保護し来れり」

第二十七代宮下源太夫仁元のとき、桓武天皇の十九年に、富士山の大噴火が起こった。「神代よりの神都たりし高天原、小室、中室、大室をはじめ、二十里四方、岩石世界に変じけり」

前大宮司元秀は長子仁元をはじめ神官などと徐福伝その他の古文書宝物を護持して、東相模国早女郷岡田原に難を避け、阿祖大神宮七廟の中の寒川大明神を勧請して、寒川神社を開いた。これより寒川神社を里宮と称し、古文書宝物はこの宮の宝蔵におさめられた。

福地山を富士山と改めたのは平城天皇の大同二年であった。源太夫仁元は再興された富士阿祖大神宮の元宮と寒川里宮の宮司を兼ねた。

さらに代は下り、四十八代宮下記太夫政仁は熱田大宮司尾張天太夫忠住の七女をめとり、富士浅間神社七廟を改修し、源氏の落人三浦義顕の長子重成を養子として、これに大神宮の宮司を譲り、自分は里宮寒川神社の宮司となり、もっぱら徐福伝その他の古文書を護った。

里宮第七代佐太夫政国のとき（弘安五年）、馬入川が氾濫して宝蔵が流失しかけたので、息子明吉とともに古文書を救出しようとして父子ともに溺死した。

寒川文書の大部分はここで流失し、舞台は再び富士高原に移る。世はすでに建武中興の時代、動乱は富士高原にまでおよんだ。

南北朝対立のころの大宮司は五十七代宮下義勝であった。新田義貞の妹を妻とし、義貞とともに南朝を助けて北条氏を滅ぼした功により従六位下越中守に任じられ、駿河、相模、伊豆の地頭を兼ね、三浦越中守と名乗った。やがて足利尊氏が南朝の軍を破り、護良親王を鎌倉に幽閉したとき、楠木正成は親王の王子万寿王を義勝に托し、小室の館に潜伏させて、再起を企てたが、戦い利あらず、楠木正成、新田義貞はともに戦死してしまった。

三浦義勝は後村上天皇の綸旨を奉じ、新田一族とともに宗良親王をいただいて鎌倉を攻めたが、破れて、一族郎党三百十六人とともに自刃した。この事件が『富士古文書』の運命に大きく影響した。

義勝の長子宮下義利は父のあとをついで五十八代大宮司となったが、なお南朝に味方し、しばしば『古文書』を抄録して宗良、尹良両親王に奉呈したので、足利氏に憎まれ、『古文書』は小室の竜の河原で焼却された。『寒川日記』の複写本も焼かれてしまったが、両親王に奉

寒川神社。神奈川県高座郡。『富士古文書』は噴火を避け、ここで保管された。しかし、ここでも川の氾濫という受難があった。（写真提供：いがぐり / PIXTA）

呈した写本はわずかに残った。足利氏の迫害は五十九代宗正にまでおよび、大神宮は兵火をうけ、神官の多くは戦死し、神宮も宮下家も衰微した。現在の『古文書』は六十八代義信のとき、ひそかに密封して天井裏にかくしたもので、『富士古文書』が長く世に出なかった理由である。

それが大正年間に、三輪義凞氏によって整理されて『神皇紀』となり、その原本（もちろん複写に複写を重ねられた断片）が、現在の富士吉田市宮下家の竹藪の中の宝蔵におさめられていることは、すでに述べた。

中里義美翁にしたがえば、『富士古文書』の原本は大分市の『上記』であり、宮下家の文書はそれを巧みにつぎ合わせたものであるという。これも一説であろう。『上記』のウガヤフキアエズ朝七十一代は『富士』では五十一代となっているが、これは媛天皇（女帝）が記載されていないからである。その他両書の差違は数多いが、私としては、真偽の決定には発言の資格はない。

さらに、最近活字になった第三の奇書『竹内文書』（北茨城市天津教総庁出版『神代の万国史』）の抄訳は、日本の上古の天皇は全世界を巡幸し、孔子もキリストも日本に来たというような、まさに奇想天外の書であるから、論及はひかえるが、この本でもウガヤフキアエズ朝は七十三代となっている。この点に関するかぎり、三書には何かの共通の「核」があると考えられる。

両古文書と現代考古学

さて、ここで、重複の恐れもあるが、いまいちど『富士古文書』の内容をふりかえることにしよう。まず注目に値するのは、天之世七代と天之御中世十五代を日本列島以外の土地においてあることだ。その土地が大陸南部か南方諸島かは不明だが、おそらく石器時代と思われる生活様式が記述されている。今日の考古学と人類学の知識によれば、天之世は旧石器時代、天之御中世は新石器時代の初期にあたるようだ。

(1)塩は浜辺や山中の真砂に付着している白い粉を集めて食物の味付けに用い、食物は木の実や鳥獣の肉であったと書いてあるが、これは採集・狩猟の時代に相当する。焚火は火山または自然の山火事の火から取り、衣料は獣の皮、鳥の羽、木の葉などを藤蔓などで結び合わせてつくり、住居は岩山や土山の穴中生活であった。物の形を写した象形文字らしいものがあったと書いてあるが、平田篤胤の「神字存在論」や、現在発見される洞穴の中の絵画や幾何学模様などを見れば、一概に笑いとばせない。土器はまだつくられていない。ほとんど自然物に近い石皿や石棒が用いられていたらしいのは、いわゆる無土器時代の生活様式か。

(2)土器の製作は天之御中世から現われる。炉とカマド形の石組がつくられ、炊事が始まるのも、竹を中骨とする大型土器の出現もこの時代からである。日本の縄文土器にも草を混入したものがあることが発見されている。米、稗、粟、黍などの名が出てくるが、住む土地が大陸南部のどこかであったとすれば、とくに怪しむに足りぬ。大陸でこれらの穀物の栽培または半栽培の経験を持った部族が日本列島に移住してきたとすれば、「縄文農耕論」の裏付けにもなろう。酒もこの時代につくられたと書いてある。自然醗酵（はっこう）を動機とする酒の発生は、猿酒（さるざけ）の話から推しても、相当に古い時代のものであろう。三輪山に祭られるオオクニヌシは酒の神様でもあり、今も参拝者は白い米の酒をいただけるが、古代日本の酒は弥生時代の水田米作を待たずに、早くから用いられていたのかもしれない。材料も米であったとはかぎるまい。縄文中期までにいくつかの波をなして日本列島に移住して来た大陸南方の新石器人が、すでに農耕のみならず、酒の製法も知っていたと想像することもできる。

(3)日本列島での天孫族(これは正確にはモンゴロイド、または黄色人種と呼ぶべき種族であって、まだ民族ではない）の生活は、高天原天神七代から始まる。『記紀』にも出てくるアメノミナカヌシ、タカミムスビなどの神々は高天原ではない外地に住んでいたという記述に注意されたい。先にあげた西村真次、ジョン・ホール教授をはじめ多くの学者の説のように、日本列島には少なくとも十万年ほど前から諸方面から相当数の移住民があり、ネグリート系やアイヌ系の種族の外にモンゴロイドも住んでいたようであるが、最後に、おそらく縄文中期ごろ（約五千年前）に移動してきたモンゴロイドをとくに天孫族と呼ぶのは、それが皇室の遠祖と考えられる神々をいただいていた故であろう、と私は推定する。年代が新しいだけに、大陸から身につけて来た文化も政治能力も、列島の先住民よりもかなり高かったにちがいない。

高天原の所在は天上でも外地でもなく、富士高原になっている。この点は『上記』とも『記紀』ともちがうが、明瞭に記されている点は注目されてよい。

考古学と人類学の最近の結論に合いすぎている点が多いので、大正年代の人三輪義凞氏の創作と見る向きもあるかもしれないが、私は徐福説のほうをとりたい。『富士古文書』には神話的要素がほとんどない。これを、まだ未発達の大正時代の日本考古学の影響と見るよりも、孔子の門弟子路（しろ）の子孫と伝えられる徐福の儒学的合理主義の現われと見るほうが納得しやすい。徐福が採録した紀元前三世紀の富士高原の神裔（豪族）の家伝には、まだ神話化されない生（なま）の伝承が残っていたかもしれず、日本民族も日本国家も形成の初歩の過程にはいったばかりであったので、伝承を採集した徐福は後に発展する皇室とは関係なく、その合理主義を貫きとおしたと見ることもできる。『神皇紀』には、富士浅間神社には「七廟」（天子の墓は七廟というシナ古代の礼式）があったとか、白清竜比女、竜宮、宇宙湖などのシナ風の人名地名が多数出てくるが、これは儒学者で同時に道教の方士徐福らしい表現だとも推定できる。

(4)『記紀』の「天孫降臨」にあたる物語は、『神皇紀』では天之御中世（大陸時代）最後のタカミムスビの神の命令によって行なわれたことになっている。『古事記』での「天孫」はアメノオシホホミミの子ニニギであり、降臨を命じたのは祖母にあたるアマテラスになっている。降臨の地点はツクシの日向、高千穂のクシフル岳であって、神武天皇（ワカミケヌ）はニニギの孫ウガヤフキアエズの末子であるから、アマテラスから神武まではわずか六代であるが、『神皇紀』では天之世七代、天之御中世十五代をのぞいても、クニトコタチから神武天皇まで六十二代、アマテラスから数えても、ニニギノミコトは第三代、神武は第五十七代目の天皇になっている。『上記』の天皇系図もほぼこれに等しい。

どういうわけで、ウガヤ朝約五十代（『富士古文書』）または約七十代（『上記』）の存在が記録されているのか、その理由は私にはまだわからない。皇統の長さを誇るためなら、『古事記』にも取り入れられていいはずだが、伝承と歴史は、しばしば埋没し忘却される。『記紀』には、この忘却と省略があるのではないか。また、『上記』は明らかに『記紀』以後に編纂されたものだが、おそく書かれた史書はすべて偽書だという論理は成り立たない。『富士古文書』は三輪義凞氏が考古学の年代に合わせるために、延長を行なったのだという疑いが、仮に成立するとしても、この疑いは鎌倉時代の大友能直の『上記』には通用しない。明治十年に岸田吟香が『上記』の序文に日向と肥後境に発見された第八代ウガヤ媛天皇の陵に言及していることを見ても、ウガヤ朝の存在をただの作り話として笑殺することはできない。ウガヤ朝五十代または七十代の伝承は徐福時代（紀元前三世紀）の富士高原に残っており、大友能直の集めた各地の古文書の中にもあったと推測することのほうが順当ではないか。

オオクニヌシの国譲りと外寇

『古事記』には、天孫降臨の前に、アマテラスがアメノオシホホミミに命じて、オオクニヌシの支配する葦原中国（あしはらのなかつくに）を偵察させる物語がある。「その国がひどく乱れている」というオシホホミミの復命により、オオクニヌシを服属させるために、アメノヒホコ、アメノワカヒコを派遣するが、二人とも失敗したので、武勇にすぐれたタケミカヅチにアメノトリフネをそえて派遣し、武力によってオオクニヌシに国譲りを強制し、これを出雲に引退させる。

この物語は『富士古文書』にも『上記』にも出ていない。前者では、オオクニヌシは高天原（富士高原）の神に編入されている。「国譲り」のほうがもし事実だとすれば、オオクニヌシを天つ神とすることは作為だと言われても致し方ないが、その逆の推論も成り立つ。たとえば『古語拾遺』は斎部広成がおのれの家伝が『古事記』にもれていることを憤って、後世に編したものだが、これを『古事記』と同等に評価する平田篤胤のような学者もいるのだ。

(5)『富士古文書』にも『上記』にも外寇の記事が多い。第三代ニニギの治世に西北の大陸から大軍が来襲して、筑紫島と四国をおかしたこと（『富士古文書』）、第四代と第五代天皇のとき、オルシ人が越の国に来襲し（『上記』）、それぞれ大激戦の末撃退された。

その激戦の模様は、先にかかげた『富士古文書』と『上記』の略説について見ていただきたい。

スサノオが日本征服を目的として、朝鮮半島から海を渡って富士高原に押しのぼってきたというのも、幸いにスサノオがもともと天孫系であったためにアマテラスとの和睦に終わるが、これも外寇の一種だと言えよう。

たび重なる外寇とそれに対する果敢な応戦は、民族としての日本人の形成に大いに役立ったにちがいない。国籍は不明だが、「西南の大陸人」、「北方のオルシ人」、「南方からの巨人国人」などの来襲が記録されている。とくに筑紫九州地方は外寇の焦点となったので、これが富士高原から九州への遷都の原因となっている。

(6)九州遷都は、再々度の外敵来襲の最中に富士高原で決議された。発議者は地神第四代ヒコホホデミで、「筑紫島は大陸に近いので、しばしば外寇に苦しんでいる。新都を筑紫に開いて、国内を治めつつ外寇を防ぐのが最良の方法であろう」と言い、諸神の賛同を得たので、皇位を皇子ホオリ（初代ウガヤフキアエズ）に譲り、九州に遷都させて、自分は富士高原の旧都にとどまった。

初代ウガヤフキアエズは九州阿蘇山に陸軍の本営を設け、海軍は豊後宇佐そのほかにおき、一千五百日の後に外敵を撃退し、その後の内乱を平定した。

ここで『富士古文書』は『上記』にも『古事記』にもつながるわけである。『上記』はウガヤ朝七十余代の存在と継続を認めているが、『古事記』では初代ウガヤフキアエズが神武天皇の直接の父になっている。この短絡は、省略か忘却か、いずれにせよ、性急すぎて正しくないように私には思える。アマテラスから神武までがわずかに六代とすれば、縄文時代の存在が無視されてしまう。神武は弥生早期の人であり、天孫族と呼ばれるモンゴロイドの移住はおそくとも縄文中期だという現在の学者たちの推定にも矛盾する。

(7)『先古代日本の謎』の著者鈴木貞一（すずきていいち）氏は、九州の新都高千穂宮は阿蘇高原にあったと推定する。日向と豊後境の高千穂も薩摩境の霧島山も峻険（しゅんけん）な山地で、多くの人口を収容することができないが、阿蘇高原盆地は富士高原にほとんど等しい広さを持ち、温泉もあり、耕地もあり、現在でもいくつかの町と部落がある。阿蘇神社についての詳しい研究によって、鈴木氏はこの仮説を立てたのであるが、富士山の旧号を阿祖（あそ）山ということや、初代ウガヤフキアエズが陸軍本営をここにおいたという記事が『富士古文書』に明記されていることを見ても、阿蘇新都説は必ずしも無根拠とは言えない。そのほかに、高千穂峰を豊後の祖母山（ソホリヤマ）、久住山（クシフルノミネ）とする推測もあり、肥後の阿蘇郡に知保村と高千穂野があることを指摘した喜田博士の説があることを付記しておく。

外寇は、『富士古文書』と『上記』の記載を合わせると、ウガヤ朝の第四代、五代、七代、十三代、十四代、二十四代、三十六代、三十七代、四十九代に起こっている。皇軍の奮戦によって、大事にいたらずにくいとめることができたが、大苦戦であり、多くの戦死者を出したことは、両書とも認めている。外敵のあるところにはナショナリズムが結晶する。

ウガヤ朝の多くの外寇によって日本民族は徐々に統一され、後の国家形成が用意されたことも考えられる。

ウガヤ朝の最後の大事件は大和におけるナガスネビコの反乱であった。これは内乱と同時に外寇であった。そして、これが「神武東遷」の原因となるのであるが、『古事記』はカムヤマトイワレヒコ（神武）とその兄イツセノミコトが高千穂宮で相談をして、「いずれの地に居れば、天下の政事を平げて聞しめすことができるか。なお、東の方にこそ出でまさめ」と、日向を出発した、とさりげなく記しているだけだが、『富士古文書』も『上記』も、そのように平和な東遷ではなく、まさに東征であったことを詳しく描いている。

第十二章　神武東征

ナガスネビコとニギハヤヒ

ナガスネビコの乱はウガヤ朝最後の天皇（神武の父）のときに起こったが、この反乱には白木国と周の扇動と援助があった、と記されているから、外寇の一種とも言える。

『上記』には白人（しらひと）だけ記され、周軍のことは『富士古文書』にだけ出てくるが、『記紀』には両者ともまったく記されていない。忘却または省略ではないかと、私は推測する。周国軍の来援は奇想天外に聞こえるが、神武天皇を東周時代の人と見る説が内外とも有力であるから、周末の脱走兵が反乱軍の中にいなかったとは必ずしも断定できない。

この種の詮索（せんさく）は別として、『上記』が述べている白人のナガスネビコ扇動の物語は、はなはだ小説的で、読んでおもしろい。第六章のその部分をもういちど読んでいただければ幸いである。

ナガスネビコは大和鳥見（とみ）に本拠を持つ豪族の頭ということになっているが、同時にハセダキノカミ（初世大記頭）という中央政府から与えられた高級な官職についていたという『上記』の記述は注目に値する。大和は早くから高天原朝とウガヤ朝の支配下にあったようだ。まだ後世的意味の国家体制はととのっていなかったが、おそらくオオクニヌシの「国譲り」の諸部族の頭(かみ)は天孫族に服属して、一種の官吏の役も果たしていたと想像される。

次に、梅原氏によって「二重スパイ」と呼ばれた、ニギハヤヒノミコトの問題がある。『記紀』では、このミコトはその息子とともに神武東征の当時に大和に生存していて、皇胤(こういん)であるから反乱軍の首領として奉じられたということになっているが、『富士古文書』も『上記』もその生存を否定している。生存どころか、遠い昔の神の一人として祭られていた。「上記」には、ウガヤ朝六十九代天皇のとき、ニニギなどとともに、豊後臼杵(うすき)の河内山に祭ってあったニギハヤヒの神霊を大和イカルガ山に移し、アメノオキ弓とハハ矢を御神体としたという記事がある。『記紀』ではニギハヤヒは疑問の神のまま終わっているが、橘孝三郎氏の『神武天皇論』によれば、『旧事紀』天孫本紀に、ニギハヤヒはアメノオシホホミミの子ホアカリの本名で、すなわちアマテラスの孫にあたり、故に天孫または皇孫と称せられたと明記されているという。

ニギハヤヒは、アマテラスの命をうけて、アメノイワフネに乗り、河内の国のイカルガ峰に天降り、後に大和のトミ（鳥見）に移って、この地方を治めた。ナガスネビコの妹カシヤ姫をめとって、ウマシマジを生み、高天原に帰ることなく大和で崩じた、とある。このあたりは『記紀』の記載に近い。『上記』に豊後説話の色彩が強いことは何度もくりかえした。豊後臼杵に河内山とニギハヤヒ神社があったか否かは不明だが、いずれにせよ、神武東征のときには、ニギハヤヒは在世せず、ナガスネビコが自分が皇孫であるといつわるためにイカルガ峰のニギハヤヒ神社の弓と矢を盗み出して白人に示したという『上記』の説話は、物語としておもしろい。ニギハヤヒを祭る神社は、大和地方にはとくに多い。この神は三十二の神々とその部族をひきいて大和に天降りされたと言われ、その神々の中には、物部氏、斎部氏、大伴氏、鴨氏などの祖神がいた。神武以前の大和に勢力を持っていた部族は鴨氏、三輪氏につづいて物部氏であったから、これらの部族がとくにニギハヤヒを祖神として祭ったのか。

『旧事紀』もまた本居宣長以来、偽書として無視されてしまった。しかし、「『旧事紀』の史料的価値は『古事記』および『書紀』とともに絶対的である」という橘孝三郎氏の主張には耳を傾けなければならない。これは平田篤胤の重視した『古語拾遺』についても同様である。『古事記』のみを神典として、これと矛盾する古文書や新説を絶対に否定する態度は学問の大きな障害であり、日本古代史の扉をとざすことになる。古代の真実をさぐるためには、『記紀』や『魏志倭人伝』をふみ越えなければならないときが来ており、「偽書」と呼ばれるものの大胆な再検討も必要である。ただ、その全部を信ずるか否かは別問題であり、厳正な「原典批判」が必要であることは昔も今も変わりはない。

ただし、原典批判とは古文書の記載の一切を否定することではなく、その中に「史実の核」を探ることである。この「史実」も広義のもので、物質的な事実だけではなく、精神という事実の存在をふくむことを忘れてはならない。古文献もまた近代科学の書と同じく、「四分の一の事実を基として四分の三の想像を加えた」ものである。想像の部分を否定することによってその文書の全部を否定するのは、学問的態度とは言えない。この型の「否定の鬼」には古文献はもちろん、すべての宗教書、哲学書、文学書、科学書を読む資格はない。一つの文献のみを絶対化し、または一つの政治的イデオロギーを固守する者は、片目の学者であり、結果として学問の敵である。

「偽書」復活の必要

ただ困るのは、古文献の場合には、「四分の一の事実」の比率が十分の一にも二十分の一にも下がることである。千年から五千年以前におよぶ古代のことは、まことに茫漠としていて、実証できる事実は考古学的事実と同じ程度にとぼしい。人類学と考古学は今世紀後半にはいって飛躍的に発展したように見えるが、発掘発見された遺物の数は実は少ないのだ。北京原人、ネアンデルタール人、ジャワ原人から明石原人、三ケ日原人の骨と言われるものも合わせて十個ほどにすぎず、その多くは骨格の一部だけで、もちろん肉はなく、言葉も発しない。原人について定説ができているように思っているのは、私たち素人だけで、専門の学者自身はそれぞれの仮説を立てながら、自ら疑っているのが現状だ。

日本の旧石器、新石器、縄文土器、弥生土器、埴輪、鏡、剣、曲玉をはじめとする古墳遺物の数も、考古学書の写真や考古博物館の陳列棚だけで見ると、一応出そろって体系づけられているかのように見えるが、その絶対数は実に少ない。この少ない資料の上に、それぞれの学者の仮説が対立し交錯しているので、体系化どころか、私たちは仮説のジャングルの中をさまよっているようなものである。今ごろになって、「騎馬民族説」だとか「古代王朝交替説」（皇統断絶説）などの化け物がとび出す余地と隙間（すきま）は十分以上にある。

『古文書』についても同様で、ニギハヤヒという一人の神または人物についても、『古事記』、『書紀』、『旧事紀』、『富士古文書』、『上記』の記事は、まさに見事と言いたいほど矛盾し対立している。一書だけを信じて他を否定してしまえば、事は簡単であるが、それでは「歴史の核」は発見できない。歴史の真実は実証された史実の中にも、民間説話と呼ばれる民衆の素朴な空想と伝承の中にも、また『古文書』という知識人のフィクション（作り話・創作）の中にも少量ずつ、同等に含まれている。一書のみを信じて他書を否定し去ることは、まだ早すぎる。

梅原猛氏は、「神々の研究をするためには、神社を研究すると同時に、『古事記』『日本書紀』を研究しなければならぬ。こうして再び、われわれは、『記紀』の研究に投げ帰されるのである」と書いた。私はこの主張をさらに一歩進めて、「『記紀』の研究とともに、『古事記』絶対の本居宣長と神社神道の神学者たちによって葬られた『旧事紀』、『古語拾遺』から『富士古文書』、『上記』にいたる〝偽書群〟の再研究が必要なときが来た」とつけ加えたい。それらの多くは〝偽書〟であるかもしれないが、偽書には偽書の出現理由と存在理由がある。たとえば柳田国男氏が半生の情熱をそそがれた「民間説話」は、いわゆる実証主義的文献批判に堪えうるものではない。だが、それを理由に民間説話を「偽話」として葬り去ることは、古代史の核の宝庫の扉を自らとざしてしまう愚挙である。

神武東征は古代の大乱であった

『古事記』と『書紀』だけに頼る戦前派の学者たちは、ナガスネビコ軍の頑強な抵抗を認めつつも、それが征服戦であり大激戦であったと書くことは、できるだけ避けようとする。『古事記』は、金の鵄や神剣の奇跡は記しているが、白木軍や周軍の来援はもちろん認めない。皇兄イツセノミコトの戦死は明記しているが、同じく皇兄イナイヒとミケヌイリヌの紀州沖海戦における戦死にはふれない。ただ『書紀』に、この二皇子は征戦の途中、熊野の海で暴風にあい、「母の国なる海原に入る」または「浪の秀をふんで常世の国に往く」と記してあるだけだ。神武天皇が敗戦を挽回するために、紀州熊野路を迂回したという『記紀』の記述そのものをさえ認めぬ学者は戦前派にも戦後派にもある。おそらく戦前派は「皇軍の向かうところ敵なし」の信念に従ったものであり、戦後派は「何でも否定」の風潮に便乗したのであろう。

私は『富士古文書』と『上記』の激戦説のほうを採りたい。第四章と六章の抄訳のその部分を読めば、『保元物語』、『太平記』、『平家物語』の戦争場面におとらぬ文学的真実性が感じられる。「神武東征」の代わりに「神武東遷」という平和的な言葉を好んで用いる学者もあるが、国家形成の過程における大事件が平和的に行なわれたとは考えられない。前後二十年ほどもかかった大和回復が激戦をともなわなかったというのは、日清・日露の戦役も大東亜戦争も激戦ではなかったと強弁するのに等しい。「戦争は文明の産物であり、文明は戦争によって進歩し、あるいは滅んだ」という歴史家トインビーの説は、残念ながら認めざるを得ない。トインビーは「文明の発生」を約七千年前と推定している。実に七千年の間、人間は絶えず戦争しつづけてきたのだ。戦争がなくなる時代はいつか必ず来るであろう。だが、それは「超文明」時代のことであって、到来の時期は誰も予言することはできない。

日本人は少なくとも今後半世紀ぐらいは自発的な戦争はせず、また、してはならぬと私は願っている。だが、現在の文明世界(七千年来の政治機構と経済機構をそのまま持ちつづけている世界)がつづくかぎり、この種の平和への願いは、いつ戦争の再発によって粉砕されるかもしれない。

話がそれたようだが、平和的な「神武東遷説」は、その底に「皇軍の向かうところ敵なし」の危険な迷信を内蔵する。内外の学者の多くは神武天皇はシナ史の周末の人物であったと推定している。古代からの文明国シナは周の滅亡とともに、春秋戦国の時代に突入した。そのころの日本もまた、小さいながら東海に孤立している文明国の一つであった。したがって文明に付き物の外寇もあり内乱もあった。二世紀から五世紀ごろまでに、古代国家を形成したというのが通説であるが、他民族にくらべれば回数こそ少ないものの、その後も戦争と内乱をくりかえしつつ「文明」を発展させて今日にいたった。今は文明の終末期であろう。だが、文明期、したがって戦争期が完全に終わったとか、急速に終わると考えるのは、おろかな楽天主義である。

私は二つの「偽書」によって、「神武東征」は日本統一のための最初で最大の大乱であったと推定する。そのほうが日本古代史の真実に近づきうる仮説であると思っている。

日本古代史の謎はまだまだ深い。「古事記神典思想」から脱却し、大胆な研究によって、古代の真実と日本の神々の真姿にアプローチするときが来ているのである。

神武天皇の橿原即位

『古事記』にも『日本書紀』にも、神武天皇という名はでてこず、ともにカムヤマトイワレヒコホホデミノスメラミコトである。その理由は神武、綏靖、安寧、懿徳などの漢風の諡は聖徳太子または学者淡海三船の考案によるものであるからだという。

カムヤマトイワレヒコの橿原即位の記事は、『記紀』ともにまことに簡単である。『古事記』は「かくのごとく、荒ぶる神たちを言向平し、不伏人どもを退いたいらげ給いて、畝火の白檮原宮に坐まして、天の下治し召しき」とだけであり、『書紀』は、これに有名な「六合を兼ねて都を開き、八紘を掩いて宇にせむこと、また可からずや」という一節をふくむやや長い令（勅語）と、讖緯説によって逆算した「辛酉の年の春正月元旦、橿原宮に即位す」をつけ加えてあるだけである。

古代史の記述としては、それだけで十分であろうが、『上記』には橿原宮殿造営について、おもしろい物語が語られている。

神武天皇は初め鳥見山に粗末な宮をつくって祖先の霊を祭り、自分もそこに住んだ。諸国の大工と杣人が多数、ひそかに集まって来たので、官人がおどろいて理由を問うと、「天皇の宮殿をはじめ諸大臣の邸宅を新築したいのです」と答えた。これを天皇に奏上すると、「天下の禍乱はようやく治まったが、人民は疲労困窮している。宮殿の新築など許すことはできない」というお返事であった。しかし、集まった者たちは、「さきに租税を減じていただき、天下太平となったご恩にむくいるためには、ほかに方法がありません」と答えた。

天皇と皇后は手ずから酒肴を調えて賜い、その席に臨御して説諭したが、人民は聞かず、「もしお許しがなければ、この場で絶食して死にます」と言ったので、天皇はやむをえず造営を許した。

この物語を、神武天皇が民主的であったなどと現代風にこじつけるつもりはない。それよりも最初の橿原宮が『書紀』に出る賛め言葉の「宮柱、底磐の根に太立て、高天原に搏風たかしりて」式の大宮殿ではなく、いたって粗末なものであったことに読者の注意をひきたい。現在、各地の遺跡に復元されている縄文式、弥生式の住居は、竪穴に丸太を立て、茅の屋根をか

青森県三内丸山遺跡にある、復元された縄文時代の住居。ご覧の通り、『記紀』にある大宮殿はとても想像できない。（写真提供：三内丸山遺跡センター）

ぶせただけの原始的なものである。原始的といっても、私の生まれた明治末期の農家は竪穴式でこそなかったが、縄文、弥生の系統をひいた掘立小屋同然の草屋根づくりが多かった。瓦は飛鳥、天平時代に製作されたが、大寺院や宮殿には用いられても、一般民家に普及するまでには二千年近くの長い時間がかかっている。

橿原時代は年代こそ不明だが、私はその素朴と原始性を思わざるを得ない。現在発掘されている飛鳥時代の宮殿跡と推定されるものも、茅葺き、檜皮葺き、丸太の柱、せいぜい板壁の小住宅であったと想像されるものが多い。この住宅様式から察しても、古代の天皇は庶民の中から発生し、きわめて徐々に宮殿らしいものに住むようになったという推測が生まれる。そのことを次章で考えてみたい。

第十三章　縄文農耕論

一つの仮説

私は、天孫族と呼ばれるモンゴロイドの最後の大量渡来を縄文中期と見る。今から約五千年前だ。それ以前の十万年から二十万年のあいだに、南方と北方のいろいろな種族が日本列島に移動または漂着してきて、各地に大小の集落を形成し、狩猟採集民として放浪をつづけ、または半農耕民として小部落をつくって定住していた。モンゴロイドも、早くから、いくつかの波をなして移住して来て、この先住民の中に加わっていたことであろうが、その最後のやや大量の移住民がいわゆる天孫族であり、これが原日本人と接触し、闘争し、妥協し、婚姻し、融合して、やがて指導的支配的地位を占めた。

彼らは大陸のどこかに長く住んでいたので、孤立した日本列島の先住民にくらべると、はるかに高い文化と政治能力を身につけていたようだ。

しかし、先住民もまた活力にみちた縄文土器が示すように、かなりに高い文化水準に達しており、その数も多かった。当時の日本列島の人口は、学者によってちがうが、三百万から五百万と推定されている。

縄文土器の分布は広く、北は北海道、奥羽から、南は九州、沖縄におよび、伊豆諸島からの出土品もある。画家岡本太郎君を圧倒し感動させた縄文土器の生命力——怪奇で、重厚で、苛烈で、強靭な土器の美にささげられた彼の熱烈な賛歌を思い出していただきたい。

岡本君は縄文人は狩猟人であったと規定して、その土器の「超日本的」ともいうべき衝撃的な活力と美観は、農耕人の文化である弥生式土器とはほとんど異質のように見えると書いている。

しかし、縄文時代もその最盛期である中期には、半農耕と半定住の生活段階にはいっていたという説が最近有力になりはじめている。「縄文農耕説」は、縄文遺跡の大集中点の一つである信州の郷土学者藤森栄一、武藤雄六氏などによって、まず唱えられ、次第に研究室の学者たちの支持を得つつある。

考古学的散歩旅行

私は昨年（昭和四十五年）の秋、富士吉田市宮下家の『古文書』を一見したあと、甲州と信州をめぐり、井戸尻、尖石、平出、岡谷、韮崎などの遺跡と考古館めぐりをした。まったくの素人の修学旅行であった。井戸尻を案内してくれた青年が、武藤雄六氏であり、諏訪で偶然に泊まった宿の主人（というよりも信州考古学会長と呼ぶべきであろう）が藤森栄一氏である。後でこのことを知っておどろいたほどのうかつさであった。藤森氏の旅館の一部は諏訪考古館になっていた。藤森氏の著書十冊近くを買いこんできて読んだのは、鎌倉に帰宅した後であったが、その中の一冊が『縄文農耕』（昭和四十五年版）である。小説も書く人だけあって、文章も整い、文学的でたいへんおもしろい本であった。文学的ということは必ずしも学問的の反対語ではない。直観と想像力の駆使によって、既成の学説にしばられて身動きのできぬ石頭学者のコチコチ論の到達し得ない真実への早道だという意味もある。

全文を紹介することはできないので、私の本の論旨に関係があると思える部分だけを抜き出す。

農耕、とくに水田耕作は、弥生時代の経済的基礎であり、ここから階級分裂も生まれ、支配機構としての国家も生まれたというのが、戦後の一部の学者の偏僻な通説である。藤森、武藤、宮坂などの「信州学派」はそのような「通説」とは無関係に、郷土の豊富な縄文遺跡と土器の丹念な発掘調査と長年の研究により、「縄文農耕」の存在を唱えはじめた。一部学界人の反撃はかなり強烈であり、論争はまだつづいているらしいが、私には藤森学説のほうが興味があり、正しいように思える。

すでに戦前に、大山柏（おおやまかしわ）、森本六爾（もりもとろくじ）の諸氏が縄文農耕存在論の口火を切ったが、学界からはまっ

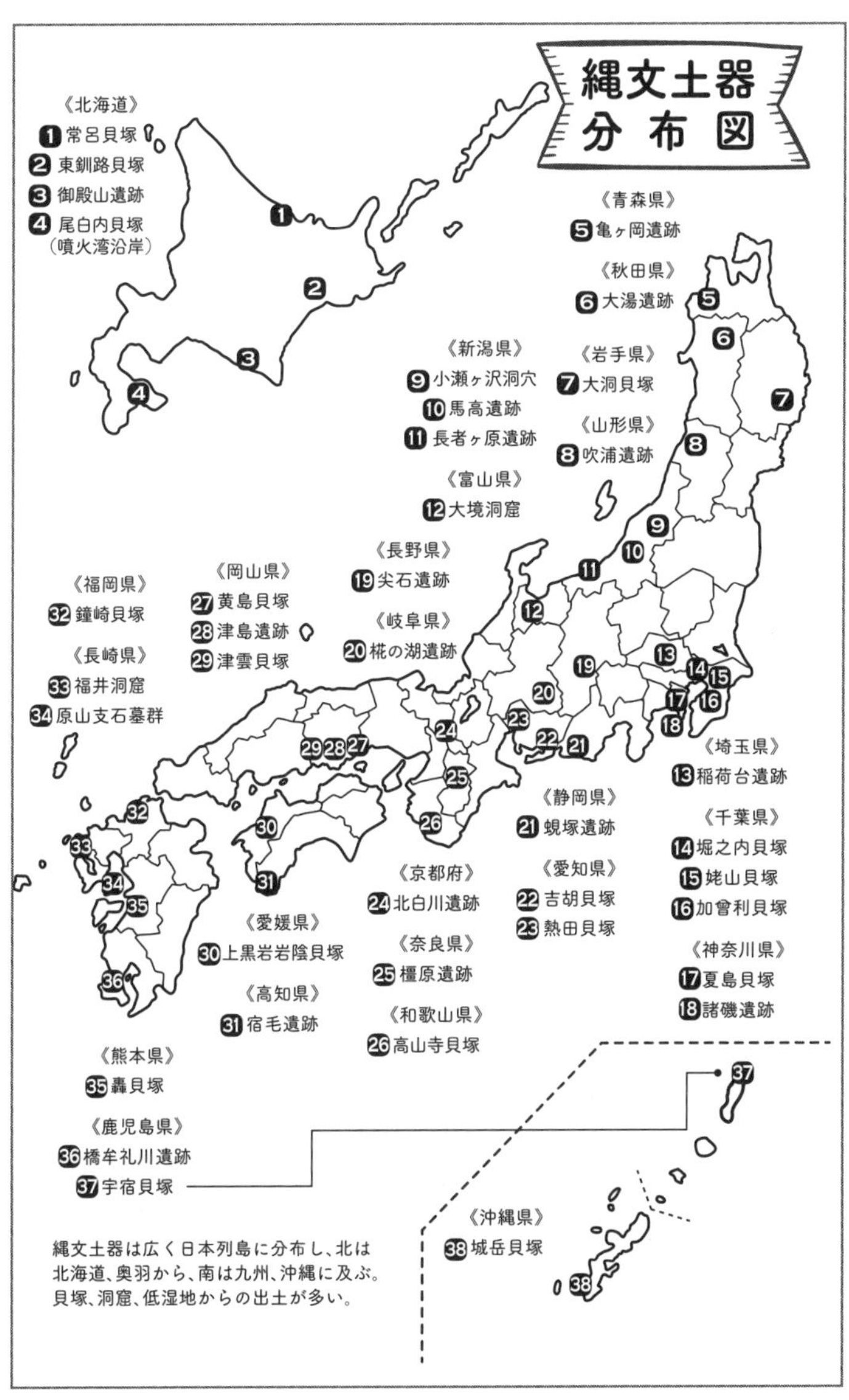
縄文土器
分布図
《北海道》
❶常呂貝塚
❷東釧路貝塚
❸御殿山遺跡
❹尾白内貝塚
（噴火湾沿岸）
《青森県》
❺亀ヶ岡遺跡
《秋田県》
❻大湯遺跡
《新潟県》
❾小瀬ヶ沢洞穴
❿馬高遺跡
⓫長者ヶ原遺跡
《岩手県》
❼大洞貝塚
《山形県》
❽吹浦遺跡
《富山県》
⓬大境洞窟
《長野県》
⓳尖石遺跡
《岐阜県》
⓴桃の湖遺跡
《福岡県》
32鐘崎貝塚
《長崎県》
33福井洞窟
34原山支石墓群
《岡山県》
27黄島貝塚
28津島遺跡
29津雲貝塚
《埼玉県》
⓭稲荷台遺跡
《静岡県》
21蜆塚遺跡
《千葉県》
⓮堀之内貝塚
⓯姥山貝塚
⓰加曾利貝塚
《京都府》
24北白川遺跡
《愛知県》
22吉胡貝塚
23熱田貝塚
《愛媛県》
30上黒岩岩陰貝塚
《奈良県》
25橿原遺跡
《神奈川県》
⓱夏島貝塚
⓲諸磯遺跡
《高知県》
31宿毛遺跡
《和歌山県》
26高山寺貝塚
《熊本県》
35轟貝塚
《鹿児島県》
36橋牟礼川遺跡
37宇宿貝塚
《沖縄県》
38城岳貝塚
縄文土器は広く日本列島に分布し、北は
北海道、奥羽から、南は九州、沖縄に及ぶ。
貝塚、洞窟、低湿地からの出土が多い。

たく無視されてしまい、藤森氏とその友人たちが戦後になってはじめて、この黙殺をはねかえしたのである。

(1)縄文中期からは、動物性よりも植物性の食物をとることが多くなった形跡が見られ、そのための蒸し器、貯蔵用の大型土器などが現われている。狩猟民の放浪型よりも湧泉を中心とする半農耕民の定着住居や集落が見られる。湧泉は飲料水とともに澱粉製造のために用いられたようだ（なお、これは私の見聞であるが、信州の縄文中期集落にはほとんど日向という地名があり、富士吉田の明日見部落でも同じであった）。

(2)さらに供献用の土器（祭器）も現われる。これはより高きもの（神々）の発生を示す。神々への供物を盛る皿のほかに、釣手土器と呼ばれるランプの一種と想定される一見異様な土器がある。蛇やそのほかいろいろな呪術的文様で飾られていて、その中の優秀品の美しさは国宝級とさえ言いたい。しかし、このランプは部落の中の少数のかぎられた住居だけにあり、屋外または屋内の高い場所に吊るされ、その不断に燃える獣脂の灯は、おそらく神にささげられ、神を招くものであったろう。

(3)屋内または部落の広場には、石棒を中心とする立石祭壇のある例が多い。発掘された石棒はたいてい折れていて、男性性器に似た形になっているので、後世の性信仰に結びつける学者もいるが、藤森氏は古代の原始信仰の現われと見る（私は信州からの帰途、武蔵野郷土館にま

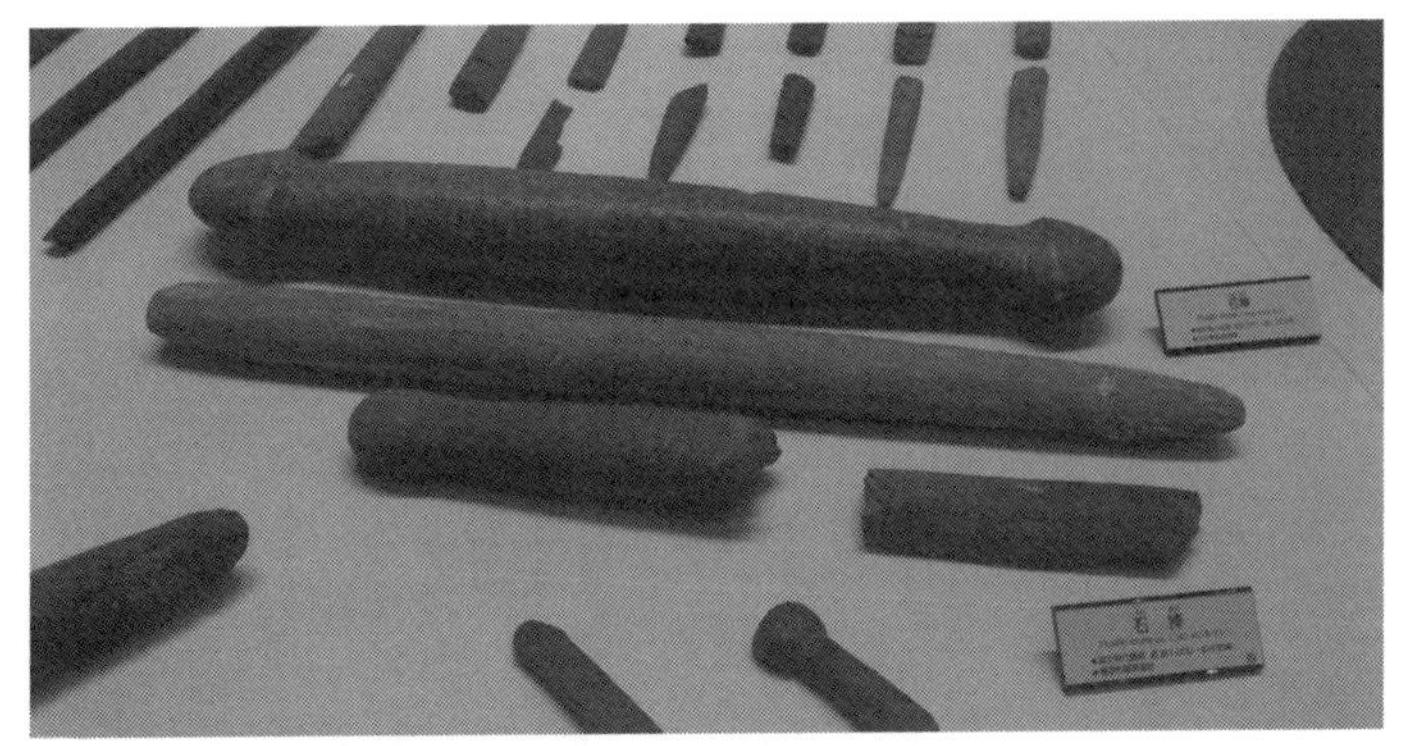

男性性器によく似た石棒。縄文中期には一種の神体とされ、一メートル以上のものが祀られていたが、後期には儀仗用になり小型化（橿原考古学研究所附属博物館）

遮光器土偶。縄文後期のもので、多くは東北地方より発見され、高さは三十センチメートル前後である（青森県亀ヶ岡遺跡出土 / 東京国立博物館所蔵）

※写真使用許可申請中

わり、両端に頭部のある完全で巨大な石棒を見て、藤森説を正しいと思った)。

(4)煮沸、貯蔵、供献の三つの機能から三つの土器形態が分岐しているのは、弥生式土器にもつらなり、また遠く殷周時代の初期農耕王国の容器構成にも実によく似ている(私は友人小林秀雄君の家で高さ一メートルにある巨大な縄文土器を見たことがあるが、これは木の実または穀物の貯蔵用の器としか考えられなかった)。

(5)女性土偶が多くなる。これは首や手足が切断されたものが多く、女神を殺害することによって、その死体からあらゆる植物が生まれるという地母神信仰の原態である(私も岩手県一戸地方出土の女性土偶を四個ほど所蔵している。すべて首がはねられ、手足が折られている。メキシコ古代の女性土偶も一つ持っているが、これは幸いに首はあるものの、両手と片足が折られている)。

(6)酒の存在も供献用の土器(祭器)の形から推定される。酒の材料は主として野生の木の実であったろう。

(7)縄文後期も晩期にはいると、土器は小手先細工の画一的技法に走り、器壁の美しさに重点がおかれ、中期縄文土器のもつ活力と量感は次第に影をひそめる。

(8)土器の衰微と同時に、特定の人をあらわす身体装飾具や儀式具、また歯牙変形、抜歯、入墨などがさかんになる。この特定の人々は村落の統制をつかさどる司祭、やがて族長ともなったのであろう。そうした統率者を必要としたこと自体、採集民の生活資源の凋渇を意味し、縄文土器の工芸器としての「堕落」をもたらしたのではなかろうか。

一つの逆推理

私は藤森氏の「縄文農耕論」を支持する一人だが、最後の一項(8)には、逆の推理も成り立つのではないかと思う。統率者は群または部族の発生とともに存在していたはずだ。渡り鳥の群にも猿の群にも統率者はいる。人間の場合は、半農耕・農耕の発展とともに人口は増加し、したがって食料不足が生じ、新猟場や新耕地の発見と開発が必要となり、統率者は多忙となって、その役割は重要さと多忙さを加える。土器もまた大量生産の方向をたどるので、工芸品的見地からは「堕落」せざるを得ない。ただし、古代の部族生活時代の司祭的族長が、後世の奴隷国家や専制国家の王のような特権を持っていたとは考えられない。部族民に率先して労苦と責任をひきうけるのが部族の長であったようだ。

フランスの人類学者レヴィ・ストロースが十六世紀の哲人モンテーニュの『随想録』を引用して、ブラジル・インディアンの酋長について述べている話は、この点についてたいへん暗示的だ。たまたまパリを訪れた酋長にモンテーニュが会って、「酋長の仕事は何か」とたずねたら、酋長は当然のことのように答えた。「まず戦いが起こったら、前線に立って戦い、死ぬこと、また部族民からのいろいろな収穫物や捧げ物が一応自分のところに集められるが、酋長は決してそれを私物と思ってはならぬ。すべて部族民に公平に分配しなければならない」

モンテーニュは原始人の中に真の騎士道、無私の美徳が生きていると言って驚嘆しているが、日本の原始時代である縄文時代の酋長に後世の王侯的特権階級の萌芽を認めるのは、まだ無理であろう。五千年から三千年前の司祭的統率者に要求されたものは、義務と責任、すなわち無私の美徳であった。

先にも述べたが、藤森栄一氏は中学生時代に先輩の一人から、「古代の日本には天皇がいっぱいいた。あちらにもこちらにもいた。大和の天皇も、諏訪神社の大祝(おおはふり)天皇も同格だった。ただ経済力が強く、支持者の多かった大和朝廷が勝っただけだ」という言葉を聞いて戦慄(せんりつ)した思い出を『銅鐸』の中に書いている。おそらくマルクスとエンゲルスも読んでいたらしいこの博学で大胆な先輩の言葉の前半は正しく、後半はまちがっている。人間の歴史を動かすものは、必ずしも経済力だけではなく、精神と信仰の力を無視できない。

私は古代の多くの天皇の中から、大和の天皇を生んだものは、必ずしも経済力ではなく、義務と責任を生かす「無私の精神」と純一な信仰が生む闘魂であったと考える。このことを、次の「終章」の主題にしたい。

終章　天皇論

田中忠雄教授の天皇肯定説

「これを失えば、日本は日本でなくなり、国民は国民でなくなる。これがなくなれば、国は解体してばらばらになり、国民は全体としての個性を失って精神的に荒廃し、人類文化に寄与すべき根元の力を持たなくなる。――このようなものが『天皇』の本質である」

誰がいつ書いた文章かとおどろく人もあろうが、戦前のいわゆる「皇道学者」の発言ではない。昭和四十六年四月発行の『天皇・日本のいのち』（日本教文社）におさめられている田中忠雄教授『生命の論理と天皇』の冒頭の一節だ。

戦後二十六年を経て一人の知識人によって発せられたこの言葉は、決して「性急な独断」には属さない。田中教授は慎重に次のようにつづける。

「このことは、特に若い学徒にとっては、むかしも今も、なかなか納得しにくい。なぜというに、若いということは、豊かな可能性を内に含みながらも、現在は未熟だからである。思想の未熟な者にとって、『天皇なるもの』ほどわかりにくいものはない。むろん、このことは精神年齢の若い、いつまでも未成熟な年寄りにも当てはまる」

そのあとに、教授自身の驚くべきといってもいい自己告白がつづく。すこし長い引用に多少の私見をまじえて、紹介させていただく。

「私は高校や大学で、主としてヨーロッパ系近代風の学問を学んだので、日本の普通の庶民が持っている天皇への心情が、久しいあいだわからなかった。天皇の存在ほど『非合理』なものはない。それは近代合理主義の精神にとっては、全く理解できない謎である。理解できない私の目には、その非合理が『不合理』と映ずる。……生まれながらにして天皇たるべき地位が決まっていること、人間の人格的価値とは無関係に天皇の地位が世襲されていること、これらの『不合理』を不合理と思わず、単純にそのまま受け取って天皇を崇敬する一般国民は、若い日の私には無知としか思われなかった」

「しかし、当時にあっては、このような発言はタブーであった」

教授は私より四年ほどおそい大学生だが、その学生時代の天皇観は、私とまったく同じである。もっと教授の告白を聞こう。

「私は旧制の大学を出て約八年のあいだ、ついに天皇なるものを理解できなかった。……これ(天皇)あるがゆえに日本の権力は不当のものとなり、日本の社会は発展を妨げられ、後進国として釘づけにされるのだという反抗心につながるものであった」

「私と同時代の大多数の学徒は、このような意識のまま、これをとことんまで追求することなしに、国や社会の指導者の仲間入りをしたのである。明治の末葉に生まれ、大正デモクラシーの雰囲気(ふんいき)に育った知識層の多くは、こうした漠然たる意識のまま、一方では習俗に押され、他方ではおのれの保身のために天皇の『忠臣』であるかのごとき擬態(ぎたい)において生きたのだと思う」

明快適確な分析である。たしかに、そのとおりであった。敗戦後の天皇否定の風潮の主流は必ずしも若年層ではない。明治末期から大正期に生まれたいわゆる指導層の中に戦後の「天皇否定論者」が多いのを知っておどろいたのは、私一人ではなかろう。擬態とメッキがはげたのである。戦後に育った若者たちは、戦争中の軍部天皇制の圧力と迫害をうけていないので、天皇問題には無関心でこそあれ、これに反抗し、これを否定して、刑罰をも辞さないだけの体験と理論を持っていない。ただ、問われれば、教えられた日教組風の否定論を一応口先でくりかえすだけで、一般的、根本的には無関心である。保守党に属するある代議士が、「旧世代と戦後の青年層には、天皇制について大きな思想的心情的断絶がある。日本は遠からず共和制となるであろう」と、私の前で不用意にもらした。私はこの代議士はとんでもない見当ちがいをしているか、戦後の高校生程度の歴史認識しか持っていないか、どちらにせよ日本の政治家たる資格はないと思った。

田中教授の説にかえれば、戦前の知識人は天皇問題を突きつめて考えることによって、右は行動的な国粋主義者になり、左はアナーキズムまたはマルキシズムに走らざるを得なかった。どちらも社会からはみだしたアウト・サイダーまたはアウト・ローで、政治権力の局外者である。若い田中教授は後者の道を選んだ。

「私が昭和四年に東京帝国大学を出るころは、経済的なパニックの嵐の中で、インテリゲンチャのエリート意識が徹底的に打ち砕かれ、今までのように招聘（しょうへい）する大会社も官庁もないという時代が始まっていた。インテリは実際的にブルジョワの走狗（そうく）であったのだというアジテーション（共産派の扇動）が実感的に受けとられる時期であり、やがてクレムリンの指令として『天皇制否定』というスローガンが掲げられた時期であった。いわゆる『ブハーリン・テーゼ』がそれである」

　私は当時の日本共産党にもっとも近い学生団体に属していたので、田中教授の指摘の正しさがわかる。あの「天皇制打倒」のテーゼは、たしかに『史的唯物論』という通俗本で有名なブハーリンを取り巻く、ロシア共産党の三流学者たちによって、日本の実情とは無関係に書かれたものであった。

「『天皇制』という言葉は、そのころから否定的にささやかれた。〝制〟という字はシステムとか制度とかの意味であって、もともと天皇をロシアの皇帝（ツアー）の支配体制になぞらえ、天皇とツアーとをひとし並みにする思想である。日本というものをまるで知らないブハーリンが、日本共産党にたいして、『天皇制打倒』の秘密指令を発したとき、日本共産党の幹部は色を失ったが、それでもクレムリンに背くことができず、恐る恐る『天皇制打倒』のスローガンを掲げた。掲げるや否や党は弾圧によって壊滅してしまった」

当時の共産党員であった詩人浅野晃君の回想によれば、労働者出身のもっとも革命的な指導者であった渡辺政之輔もこのスローガンの押しつけには賛同できず、ただ「困った、困った」とくりかえしていたそうである。渡辺は上海から台湾を経て日本に潜入しようとしたとき、警察官に取り巻かれてピストル自殺をとげた。ロシア共産党は各国の党をソ連の「国境警備隊」（トロツキーの言葉）としてしか扱っていなかったので、指導者の自殺も党の壊滅も問題にしなかった。

以上は戦前の事件であったが、戦後でも、占領軍に「解放」された日共は議席三十以上を獲得して思い上がり、共産革命可能とみてか、「朕はたらふく食っている。汝臣民飢えて死ね」などというプラカードを掲げて皇居乱入をあえてした。この暴挙の逆効果は目を見はるほどのものであった。それまではむしろ左翼に同情的であった辰野隆博士、徳川夢声、サトウ・ハチローの諸氏をはじめとする自由主義者左派は、その日から天皇擁護論者となり、次の総選挙では日共議員のほとんどは議会から姿を消してしまった。占領軍の手厚い保護下にあった日共は皇居乱入によって自ら壊滅してしまったのだ。天皇と国民感情の緊密な結合を示す事件であり、マッカーサー元帥を反省させること多大であったと伝えられる。

道統の「嫡々相承」

話をもどせば、昭和十二年の夏、まだ若かった田中教授は逮捕され投獄された。日共党員でもマルクス主義者でもなく、同人雑誌に反軍国主義的評論を発表しただけで検挙されたのである。そんな時代であった。田中氏は獄中で祖母の死を知らされ、悲しみと憤りのあまり、不眠症となり、ついで胃までこわす大病におそわれた。

田中氏は高校のころ、沢木興道禅師のもとに参禅したことを思いおこし、病床から歯をくいしばって起きあがり、痛む背骨を伸ばして結跏趺坐した。その日から、徳富蘇峰の『近世日本国民史』百巻もニーチェの原書も読むことをやめ、ただ道元禅師の『正法眼蔵』の註釈書二巻だけを独房の中に残した。

「私には国や社会思想の問題とは別に、解決しておかなければならぬ自己の問題があった。『自己の問題』とは何であろう。そこには、思いつめた正義という名の信念が、獄中に病む身の心乱れて動揺する自己があった。それは、よそごとでない自己自身のいのちに関する問題であった。今日の言葉でいえば、他と代わることのできない『実存』の問題であった」

獄中に病みながら、田中教授はいのちの全力をつくして、道元と自己と格闘した。禅にも道元にも暗い私には、これ以上、田中氏の切々として熱烈な告白を解説する資格はない。ただ私にも田中氏とやや似た独房生活の経験があるので、田中氏の告白はわがことのように受けとれる。

田中氏は道元にもいくどかつまずいた。とくにその「嫡々相承」の理念を理解するまでには時間がかかり、苦悩がつづいた。この理念または信念は、釈迦の教えを一滴ももらさず代々継続することであって、まったく「進歩」の逆である。それでいいのか。これこそマルクス主義者のいう「アジア的停滞」の原因ではないのか。天皇の「万世一系」も、その「停滞」ではないのか。

いや、そうではない。「嫡々相承」こそ、精神的、文化的遺産のまことの相続を意味し、哲学者のいう「歴史性」である。歴史の「歴」は「ふる」と訓み、ながい歳月を歴て、風雪に堪えたものだけが、「歴史」の名に値する（私の紹介は簡略にすぎる。どうぞ原文を読んでいただきたい）。

天皇が万世一系なら犬や猫も万世一系だなどと放言する俗学者がいるが、驚き入った見解である。万世一系は血統も含むが、本質は道統の嫡々相承を意味する。生物学的連続は皇位の継承とは異なる。生物学的連続は歴史ではない。皇位の継承を断絶することなく一貫して護り抜いてきた日本民族の歴史は、単に血統の次元ではなく、むしろ道統の次元で理解できることである。

「不勉強の人は、われわれの祖先が、いのちを積みかさねてこの道統を護ってきた事実を知らない。また他方、魂をイデオロギーに奪われて、イデオロギーという名の怪物に憑かれた人は、この事実に対して癒しがたい不感症患者である」

この認識または悟り、すなわち「魂の転回」に到達する苦しい過程において、不思議なことに、胃と背中の痛みは、いつのまにか消え去っていた。若い田中氏は坐禅と道元と天皇認識によって命を救われた。

だからこそ、先に引用した独断にさえ見える天皇肯定論も生まれ、次の確信的な発言も生まれるのである。

「天皇なるものの本質は、日本の歴史の中にある。ひるがえって思うに、日本の文化は、それぞれの領域において独自の個性と高い価値を生んだが、その大部分は起源をインドおよびシナに持っている。しかるに、わが天皇だけは純粋に日本民族の創造であり、しかも断続せしめることなく護り抜いてきた民族固有のものである。祖国喪失の学者が、いかに批判的考証を弄しようとも、この一点を抹殺することはできない」

「白鳥の歌」

すこし視角を変えて考えてみよう。

天孫族の最後の渡来が行なわれたころの日本列島の先住民は、すでに十万年ほどの歴史を持っていて、狩猟採集時代から半農耕時代に移りかけていたと推定される。したがって、各地方に、多数の定住部族もあり、部族連合もあり、それぞれ勇敢で有能で責任感の強い族長によって統率されていたと考えられる。

若い詩人礒永充(いそながみつる)君の詩に、古代の悲劇の英雄を歌った「白鳥の歌」という作品がある。その一部だけを引用しよう。

タケル
タケル
地が鳴りとよみ、山が崩れ
……………
落ちた雷が大木を掻(か)っ裂(さ)いて森が火の海になる時
古代はそこに神々を見た
人間を超えて生きるものを

おのが心の火種とした

タケル
タケル
雄叫びの長はタケルと呼ばれ
荒ぶる神と称えられ

…………

タケルは一つの部族の火種
タケルは部族にそそがれる油
燃え尽きるためにのみいのちをかけて
タケルは老いても若々しかった

タケルとなることは独立のあかし
タケルとなることは悲運のはじまり

…………

タケルはみずからの望など

微塵だに持つような火ではなかった
敵はいつもタケルの身のまわりにいた
吠え立てるだけの浅いタケルは
吠え立てぬ静かなほかのタケルの
剱にではなく知恵に討たれた

…………

悲運を山ほど背負ってもくじけぬ
逞しいタケル　雄々しいタケル
小さな部族たちの身がわりのタケル

これはヤマトタケル伝説の詩的解釈である。タケルは日本古代のすべての部族の中にいた。タケルは天皇ではなかった。彼は永遠の王子であった。それは私にモンテーニュの『随想録』の中のブラジル・インディアンの若い酋長を思い出させる。多くのタケルは勇敢で無私で、生涯を部族とその神々のために捧げて、戦いの中で嘆きつつ死んだ。

彼らの英雄的な戦いと悲劇的死が、一人の人格に結晶してヤマトタケル伝説を生んだのだ。

古代の知恵は永遠のタケルを
死んでも死ななかった一人のタケルを
…………
ヤマトに討たれ　追われ　消された
自らの部族のあかしとして誇りとして
ヤマトに統(す)べられてからも忘れず
美しく飛び立った白鳥として
支配者ヤマトの古事記の中に納めた
見事にタケルを蘇(よみがえ)らせた

（詩集『降る星の歌』より）

この詩の中に「偏僻な思想」の影響をかぎ出す人もいるかもしれないが、私は素直で的確な神話解釈の一つと見る。日本の天皇の起源をアジア大陸北方または南方のシャーマンの中に見いだす学説もあるが、それもまた的をはずれた解釈ではない。シャーマンは原始の神に祈り、踊り、自ら神がかりした無我と無私の状態の中で、神の言葉を告げる。部族民はこの言葉に運命をかける。これはエジプト、ギリシャからマヤ、インカをふくむ両大陸すべての古代に共通する原始信仰と原始政治現象であるが、シャーマニズムととくに呼ばれるものが、つい最近まで日本列島の周辺に残っていた（私はまだ学生のころ、シベリアのどこかから連れてこられたシャーマンの実演を見たことがある）ので、珍しがられ、アジア的特殊風習だと誤解されただけである。天皇の起源がシャーマンでもかまわない。――それらは起源論の一つであって、天皇の本質の全部を説明できるものではないからだ。しかし、礒永君のタケル説のほうが少なくとも新鮮である。

天皇という大きな謎

日本列島が大陸から分離して海によってへだてられたのはいつのころか、日本に原始人は果たして住んでいたか、四度くりかえされたという氷河期に日本列島全部が氷におおわれていたかどうか、人間の移住は第四氷河期の前か後か、最初に来たのはどんな人種であったか、第四解氷期以後の季候は植物の繁茂と動物の繁殖にどんな影響を与えたか。――多くの仮説が現われ、論争は継続中であるが、これらの問題の解決は私の力にあまる。

私はただモンゴロイド（天孫族）の最後の大量移住を縄文中期（約五千年前）以後と推定する。それ以前に何回かのモンゴロイドの移住があり、その他の先住人種との闘争と混血と融合が行なわれ、部族生活も発展向上して、これらの部族の頭（かみ）（族長）がタケルと呼ばれ、たがいに闘争し、また連合しつつ、全体として原日本人を形成していたと思われる。

ハイネ・ゲルデルンと大林太良両教授は、南米アンデス古文化に周文化の影響を認め、信州の藤森栄一、武藤雄六の両氏は、中期縄文土器と殷周文化の類似に言及している。縄文中期の文化と生活水準はかなりに高いものではなかったか。狩猟採集生活と並行して半農耕も行なわれていたことだろう。少なくとも朝鮮や日本の奥地に最近まで存続していた焼畑（やきはた）農業と各種の果実樹（クリ、クルミ、ドングリなど）、陸稲をもふくむ穀物の栽培ははじまっていたらしい。縄文中期土器の急激な開花をもたらしたものが、天孫族であったか、それ以前に移住していた大陸系モンゴロイドであったか、原日本人であったかは不明だが、いずれにせよ、殷周銅器の面影をもつ「世界最美の原始土器」は、私たちの目の前に実在している。

後に天孫族と呼ばれる部族がおそく渡来して、日本列島を統一するまでには長い時間がかかったはずである。五百年や千年間のことではない。『記紀』の記述をそのまま信じれば、「天孫降臨」から「神武建国」までの代数と年数はあまりに短すぎる。『富士古文書』、『上記』の五十代または七十代のウガヤ朝存在説に興味をひかれざるを得ないのである。

降臨、すなわち渡来の経路が日本海から北陸へであったか、対馬、壱岐から直接に北九州であったか、したがって、高天原が海外であったか、富士高原であったか、霧島山か阿蘇山のどちらであったかは、この本を読んだ読者の判断と、専門学者たちの将来の研究にまかせるよりほかはない。私の関心は天皇の起源とその本質である。

新来の天孫族にとっては、先住部族の頭（族長）のほとんどは「荒ぶる神」であり「まつろわぬ神」であった。これらの「反抗し服従せぬ神々」の存在は、大陸にいた天孫族の祖先も知っていた。たびたび偵察隊が派遣され、「葦原中国はいたく騒ぎてありけり」という報告をうけた。先遣偵察隊の中には、行ったきり帰って来ないものもあった。

このことを思わせる物語は『富士古文書』の天之御中世から高天原（富士高原）時代に移るときの記事の中にもあり、『古事記』の大国主物語の中には、さらにはっきりと現われている。高天原から葦原中国への最初の使者アメノワカヒコは、オオクニヌシの娘と結婚して八年たっても帰って来なかった。そればかりか、第二の使者キギシナキメを射殺して、アマテラスの誅殺を受けた。天孫ニニギの降臨は、武将タケミカヅチによるイズモ族討伐の後ということになっている。

日本の古代も、すべての国々の古代と同じく、多くの謎を秘めている。歴史学と考古学をふくむ諸学問は、その謎を刻々と解きつつあるかのように見えるが、今日までの知識のすべてを合わせても、リンゴの皮にぽつぽつとあけられた針の穴ほどのものにすぎない。発掘された遺物の数はまことにとぼしく、石器も壺も言葉を発せず死骸のように沈黙している。古文書には記憶の断絶と消滅による錯誤と混同、善意悪意にかかわらぬ作為、後世の判断と想像による付加、複写の際の誤写と脱落などがふくまれていて、学者を迷わせ、一書のみを信じれば、とんだ結論と妄想にひとしい仮説しかみちびき出せない。歴史の真実を探りあてることは沙漠の砂の中に砂金を求めるほどの難事であり、しばしば学者を絶望させるが、この困難に堪え、稀少な事実の上に多くの仮説と仮説とを積み重ねて、きわめて徐々に真実に近づくところに、学問の楽しみもあるのだろう。現に私たちの目の前に実在している、「日本の天皇」は遠い古代に発する大きな謎であり、この謎をめぐって多くの学者の説が対立している。謎はいずれは解けるときが来るかもしれない。ただ避けなければならないのは、性急な独断である。

終わりの詩

最後に、第十章に引用した上山春平教授の「現代文化のなかでかくもたくましい生存力を発揮しつつある『神道』という名の固有信仰は、おそらく通説のように弥生文化あたりに発するのではなく、その根は深く縄文文化にまで達しているに相違ない」という発言と、「『天皇制』と呼ばれるものは……『神道』のたくましい生命力に助けられてか、たかが封建時代の産物にすぎない諸外国の君主制が軒並みにつぶれていくのをしりめに、危機意識めいたものさえなく、すこやかに生きつづけているかのごとくである」という、やや懐疑的ではあるが、大胆な所論についてもういちど考えて、私の小説家的長い仮説を終わりたい。

たしかに上山教授の説のとおり、神社神道とその諸分派は七、八世紀以後のものらしく、江戸中期、末期にもはげしく分化し、大正、昭和期にも大分裂して新分派が出現した。現在、私が暮らしている箱根の山を歩いてみても、新興神道らしい宗派の小さな本庁を見かけることが二、三にとどまらぬ。神道の生命力のたくましさを利用した金もうけの俗神道も多かろうが、神社や分派以前の古神道の根が、深く遠く縄文時代にまで達して現代の庶民の心の深層に生きている一つの証明であろう。その点で、私は上山教授と同意見である。古神道と神道についてもまた、私は多くを語る資格はないが、戦後学者のいわゆる「天皇制論」は別として、日本の天皇は神道と前後することなく、相伴って発生し成長したものだと、私は考える。自然崇拝であり、アニミズムであり、シャーマニズムであるにせよ、原始信仰を抜きにしては、すべての国の古代は考えられない。信仰に裏づけられた政治的存在としての天皇の原型が形成されはじめたのは、おそらく縄文中期以後であった。各部族のタケル、または頭と呼ばれた勇敢で有能で無私の指導者が天皇の原型であったと見ることは、日本の皇室を傷つけることにはならぬ。日本の古代には八百万の神々がいた。神々の解釈としては、私は本居宣長に従いたい。すなわち、「神は時常ならずすぐれたることのありて、可畏物を迦微とは云うなり」（『鈴屋答問録』）。ユダヤ教のエホバやキリスト教のゴッドや回教のアラーのような絶対神でも超越神でもない。

しかし、古代日本人が神と天皇を畏敬したことは、天皇即神説とはつながらない。天皇はその昔から人間であったが、すぐれて畏きものであったから、カミの中のカミと畏敬されたが、決して西洋流の超越的絶対神ではなかった。この世の外にある不可視、不可触の神々に対しては人間であり、人間に対しては現人神であった。すなわち神々を祭り祈り、神の言葉を聞き、これを民に伝える人であった。

近代の帝王神権説の萌芽のごときものは、他国と同じく、日本にもときどき現われたかもしれない。自ら超越的な神そのものであるかのごとくふるまう族長が、それである。しかし、この権力欲と傲慢は私心である。私心によって動く者は長く族長たることはできず、もちろん天皇にはなれなかった。

多くの族長の中から、現人神（人にして神なるもの）である天皇――後に神武天皇という漢風の諡で呼ばれた大族長（津田博士によれば大君主）が生まれたのは、おそくとも、二千五百年以前であろう。この年代の確定は今後とも不可能かもしれないが、天孫族の渡来を縄文中期とすれば、初期の天皇の発生と形成には、三千年近い長年月が経過したと思える。『記紀』が神代と人代を神武天皇によって区分したのは、決して無意味ではない。何かの重大な意味がひそんでいる。神武建国を認めず、日本国家の形成を七、八世紀にくり下げることは、学者の自由であるが、それはシナ（主として唐）の国家制度の輸入を意味し、日本という国のはじまりを神武即位のときに求めることを少しも妨げない。いずれのときか、飛鳥、奈良、平安朝のはるかな以前に、カムヤマトイワレヒコスメラミコトは実在し、その橿原即位以後に、代々の天皇によって国の統一と国家制度の整備はつづけられたのである。

神武即位のときに、日本の天皇はすでに政治外の政治的存在、神々と人間とを結ぶ無私の統治者という、他国に例のない性格を具備していた。「万世一系」は、作り話ではない。大陸から孤立した列島であるから、たび重なる外寇を防ぎやすかったという好条件も作用した。

しかし、西洋流の王朝交替、シナ流の易姓革命に類するもの、すなわち世俗的政治権力の交替を捜そうとすれば、日本にも求められないことはない。それは一系の天皇の下の幕府的権力の交替という形で行なわれた。大化改新以前の蘇我幕府、平安時代の藤原幕府、さらに平家幕府、源氏幕府、北条・足利幕府、豊臣・徳川幕府、明治維新以後にも藩閥幕府ができて、その権力の盛衰興亡の目まぐるしさは、歴史の示すとおりである。世俗的政権としての幕府は、権力欲と私利私欲の権化になることがしばしばある。初めは清潔有能な面があっても必ず腐敗し、滅亡と交替を余儀なくされる。しかし、皇室はこの興亡の外にあった。

ときに、皇室も権力闘争に巻きこまれたかのように見えたときもある。大化改新、壬申の乱、承久の乱、建武中興（南北朝対立）、源平の乱、明治維新、地主財閥政党幕府、軍部幕府がその例であったが、しかも、天皇と皇室は究極的に、また本質的に、世俗の権力闘争の外に立つことができ、国民も心からそれを望み、天皇を世俗的政争の外においた。かくして道統の継承は維持されたのである。「たかが封建時代の産物」にすぎない諸外国の君主制は軒並みにつぶれつつあるが、日本天皇の「嫡々相承」は微動もせぬ。封建時代の遺物では決してないからだ。そして、その道統と信仰に裏付けられた権威の根は、遠くはるかな縄文時代におよんでいる。

この事実に思いいたらぬ学者は、もはや学者ではなく、ただのイデオロギーの病人、世俗政治の奴隷にすぎない。

私は田中忠雄教授にならって、多感な抒情の詩人として出発し、はげしい愛国の詩人として世を去った佐藤春夫(さとうはるお)の「病」と題する詩の一節を引いて、筆をおく。

否定をいたく好むこと
過ぎにし恋をなげくこと
生まれし国を恥づること

(完)

参考文献

この本を執筆するにあたり、とくに左記の本のお世話になった。なかには多量の引用をさせていただいたものもあり、ここに列記して感謝の意を表したい。

◎『先史時代の社会』クラーク、ピゴット共著、田辺義一、梅原達治共訳　法政大学出版局　一九七〇年十一月二十五日
◎『メキシコ・ペルー征服史』プレスコット著（訳書なし）
◎『アンデス教養旅行』寺田和夫著　東大出版会　一九六二年十月三十日
◎『日本民族の源流』水野祐著　雄山閣　一九六九年九月十日
◎『歴史の起源と目標』ヤスパース著　重田英世訳　理想社　一九六四年七月十五日
◎『世界考古学全集』（第十五巻）平凡社　一九五九年六月十五日
◎「祖代」日本民族文化協会　一九五九年十一月号
◎『先古代日本の謎』鈴木貞一著　大陸書房　一九七一年一月十五日
◎「日本及日本人」日本及日本人社　一九七〇年五月一日発行（薫風号）

◎『原色の呪文』岡本太郎著　文芸春秋　一九六八年二月十五日
◎『神武天皇』植村清二著　至文堂　一九六八年
◎『神代史の新しい研究』津田左右吉著　岩波書店　一九一三年
◎『古事記及び日本書紀の新研究』津田左右吉著　岩波書店　一九一九年
◎『日本の皇室』津田左右吉著　早稲田大学出版部　一九五二年十月
◎『天行林』（全集第一巻）友清歓真著　神道天行居（山口県）刊　一九六〇年五月二十五日
◎『日本古典の研究』上下　戦後版『日本古典の研究』津田左右吉著　岩波書店　上巻
一九四八年八月二十日　下巻　一九五〇年二月二十日
◎『神話と歴史』直木孝次郎著　吉川弘文館　一九七一年四月六日
◎『神武天皇と日本の歴史』中山久四郎編　小川書店　一九六一年一月三十日
◎『万世一系の天皇』里見岸雄著　錦正社　一九六一年十一月
◎『神武天皇論』橘孝三郎著　天皇論刊行会　一九六五年九月二十日
◎『日本の建国』日本史研究会編
◎『紀元節』歴史教育者協議会編　青木書店　一九六七年二月十一日
◎『日本のあけぼの』三笠宮崇仁編　光文社　一九五九年二月五日
◎『秘められた古代日本』市村其三郎著　創元社　一九五二年

◎『神武東遷』安本美典著　中央公論社　一九六八年十一月二十五日
◎『日本神話』上田正昭著　岩波書店　一九七〇年四月
◎『日本神話の起源』大林太良著　角川書店　一九六一年六月五日
◎『大和考古学散歩』伊達宗泰著　学生社　一九六八年二月十五日
◎『日本の歴史』ジョン・ホール著　尾鍋輝彦訳　講談社　一九七〇年六月十六日
◎『銅鐸』藤森栄一著　学生社　一九六四年八月
◎『湖底』藤森栄一著　学生社　一九七一年四月
◎『照葉樹林文化（日本文化の深層）』上山春平編　中央公論社　一九六九年十月二十五日
◎『日本精神の系譜』梅原猛（季刊「すばる」〈集英社〉連載）一九七〇年一号～六号
◎『住吉神社史』田中卓著
◎『神代の万国史』北茨城市天津教総庁
◎『縄文農耕』藤森栄一著　学生社　一九七〇年三月
◎『天皇・日本のいのち』日本教文社　一九七一年四月

解説

宮崎 正弘

林房雄の歴史評論の傑作が、本書『神武天皇実在論』である。

近年、日本でも考古学が発展し、従来謎とされてきた事柄が次々と解き明かされている。縄文遺跡の典型のひとつ、青森県の三内丸山遺跡では戦争の傷をもった遺骨がでていない。じつに平和な集落で豊かな自然環境と食糧に恵まれ、泰平が継続されていた。いまから五千五百年前のことである。

林房雄の直感は、この頃に日本では天皇の起源があると推定した。

三内丸山の中心部に復元された大集合住宅の主柱は高さが三十四メートルあったと推測されているが、もしそうなら今日の摩天楼に匹敵する建築技術が縄文中期には存在していたことになる。縄文は想像を絶するほどの高度文明だった。

したがって本書の基底に流れる歴史観は、まず天皇の起源は縄文中期であり、神武天皇は実在したばかりか、その前に何代もの皇統があったとする。こうした林房雄の本能的仮説の正しさが近年の考古学と地質学、生物学の発達によって証明されるようになった。縄文時代の謎の解明が飛躍的に進んでいるのである。

昭和四十六（一九七一年）年、本書の初版売り出しに際して版元だった光文社は都内の主要道路に幟を立てての大宣伝を繰り出した。世の中はまだ左翼全盛の時代だったため賛否両論凄まじい限りだった。

ところが批判の矛先は縄文中期に天皇の原型が誕生したという林の説に関してなにひとつ適確な反論をせず、ひたすら天皇制を否定する側からの罵倒雑言だった。読まないで論じていた。この連中がいま愛子天皇擁立を策する世論工作に余念がない。つまり女性天皇は過去に八人十代いたが、あくまで次代の天皇が成長するまでの中継ぎであり、女系天皇とは根本的に異なる。左翼が囃（はや）す女系天皇論とは万世一系、神武天皇以来の血統を途絶えさせようとする企みであり、その究極の狙いは国家破壊である。

さて著者の林房雄は小説家だが、政治活動時代が長く、その経験から戦後は多くの政治評論、そして歴史論に挑んだ。

戦前はマルクス・ボーイだった林房雄は東大新人会の活動家でもあり「明日にも革命が起こる」と信じていたほどに純朴、見方を変えていえば正直者すぎた。

林房雄の文壇へのデビューは早かった。本格的な創作活動に入る前に、政治運動によって十年近くを拘置所暮らしとなった。下獄に際して送ってくれたのは小林秀雄ただひとり、左翼の仲間はそっぽを向いていた。「革命」なるものを獅子吼（ししく）した「同志」とは、このようなものなのか、林房雄は日本人の情緒にあらためて接した。

林房雄は服役中に格子窓から覗（のぞ）いた風景に日本の美しさを悟り、政治運動の間違いに気づいて小説『青年』の着想を得た。

以後、青年、壮年、晩年にわけての三部作を構想し、最初の『青年』は伊藤博文、井上聞多をモデルに幕末から維新への文明への転換を基軸に壮大な小説を仕上げた。三島由紀夫がこの『青年』を絶賛した（三島の『作家論』所載の「林房雄論」参照）。

幕末維新期。日本思想の変遷と黒船排斥という過激な攘夷運動から、なぜ維新の志士たちはくるりと転換して文明開化、近代化に邁進しはじめたのか。この近代日本の歴史をかたるために伊藤博文らの人生を作品に重ねた。林にとってみれば日本近代史への挑戦であり、文献の渉猟、資料集め、現地取材の蓄積があったから、のちに西郷隆盛の人生と哲学を主題とする長編小説『西郷隆盛』へ、さらには日本の論壇を真っ二つに割った論争となる『大東亜戦争肯定論』に繋がるのである。

林房雄は日本精神を高揚した作家と見なされ、戦後はＧＨＱのパージを受けた。

その間も、逼塞せずに「白井明」というペンネームを用いてあちこちに辛辣な論評を綴り、まがまがしい占領期の憂さを晴らしていた。主権回復後、パージが解け、小説『息子の青春』などでベストセラー作家となった。

しかし林房雄は作品のマンネリ化に悩み、流行作家生活と絶縁するためアンデスの学術調査団に加えて貰ってペルーなどのインカ、アステカ文明の遺跡発掘作業の一団員として数ヵ月の南米旅行にでた。

これが林房雄の作家生活の転機となった。

現地で目撃し体験したことは、スペインに滅ぼされた古代文明の復活を目ざすナショナリストらが先祖の遺蹟を発掘し、研究を深める営為こそ、かれらの「国学」の蘇生につながるという感想だった。林が縄文への関心を深くした大きな要素は滅ばされた文明への歴史的視点からの再検証にあったとも言えるだろう。帰国後、『緑の日本列島』などを執筆する傍ら古代史への取り組みも始め、さらにはトインビーの『文明の研究』に没頭した。

かくして林の悠久を見据える歴史観の素地はアンデス体験が動機となった。

作風にも変化があらわれ、三部作の第二部にあたる壮年期を『文明開化』と題して『週刊朝日』に連載していた。同時に朝日新聞の文壇時評を担当し、石原慎太郎、江藤淳らの登場を好意的に評価した。

そして日本の近代史を黒船前夜から開戦へといたる百年のパースペクティブで論じた『大東亜戦争肯定論』を『中央公論』に連載し、刊行と同時に論壇は蜂の巣をつつく大騒ぎになった。本書はそのあとの、まだ論争の痕跡が残る頃に挑んだ作品である。

昭和四十五年の三島由紀夫の諫死事件を、林は「みごとに散った桜花」と比喩し、一年後には濃密な三島との交遊を振り返り、熱い回想をこめての三島論『悲しみの琴』を世に問う。また三島由紀夫追悼の「憂国忌」の発起人代表として鎮魂の儀式にも熱心だった。

それ以前から林房雄は保守系学生運動の応援団長兼顧問として大車輪の活躍があり、三部作の最後の作品群は、「高原」などの短編の連作を執筆しつつも、むしろ三島の死後、保田與重郎に働きかけて第二次『日本浪曼派』の復刊を企図した。伝統的日本文学の復興の旗を揚げようという強い意気込みがあった。

文学史的に『日本浪曼派』は保田與重郎が代表し、神保光太郎、亀井勝一郎、太宰治、伊藤静雄、中河與一らが加わった。周辺には蓮田善明、三島由紀夫らがいた。戦前の日本の青年達を熱狂的に湧かせたが、実際に日本浪曼派の活動期は一九三五年から三八年までの三年間に過ぎない。それでも戦後になって橋川文三や杉浦明平ら左翼が批判を激しく展開したため文壇から追放されたかたちになっていた。

三島事件の翌年二月に、三島由紀夫追悼会を奈良でも行うこととなり、保田氏の弟子筋が組織した。挨拶がないと言って地元の右翼団体が会場に乗り込んできて妨害行為もあった。荒武者のような右翼が「お前らが本物なら腹を切ってみろ」と揚言すると、林房雄は悠然として「じゃ、あんたから先に」と答えた場面、じつは私も現場に居合わせたのだが、いま思えば緊張感も吹き飛んでユーモラスでさえある。

せっかくの機会だからと当時『日本学生新聞』を主宰していた私が二人の対談を企画した。奈良ホテルの一室でビールを飲みながら、神武天皇から十代までの天皇の在位期間が長すぎるので、古代人があれほどの長寿であった筈がないと反駁の声も強かった。保田與重郎は「神武天皇は襲名したのではないか?」と言われた。

その日、林房雄は保田の案内で飛鳥をめぐり、「あれは近代だ」とした発言を受けてのことだった（林房雄対談集『日本の原点』、日本教文社刊を参照）。

神武天皇から十代までの天皇長寿の謎解きにしても、当時の暦は二ヵ月が一年だった、或いは半年が一年だったという暦の時間差があり、これらを勘案すれば意外とあっさり謎が解ける。

飛鳥から歴史を溯れば、古墳時代を越えて稲作の弥生時代、さらに遡及すれば縄文時代へと繋がる。林の直感は日本人の起源を辿れば天皇の起源にいきつけるという文学者ならではの大胆で本能的な仮説の実証だった。

縄文人の日本への流入は、二万年から三万年前にシベリアから流入したルート、対馬を経由した南方からのルート。同じく海流に乗って南洋あたりから入り込んだ三つのルートがある。就中シベリアルートは、当時のマリタ遺跡（二万千年前）で出土した旧石器が「細石刀」であり、樺太ルート経由で日本に人間と一緒に流入したとされる。

この縄文中期から弥生時代の初期にかけて、太陽信仰の神話が誕生し、集落に長（おさ）がうまれ、地域集落の連合に「王」が生まれ、それが「大王」となるのが天皇制の原点だから神武天皇以前に、天皇の原型である大王の存在が確実にあったことになる。

林房雄は本書『神武天皇実在論』でこう力説している。

「クニトコタチに始まる天神七代、アマテラスに始まる地神五代にウガヤフキアエズ朝五十一代を加えて、その平均在位期間を現代風に三十年と想定すれば、神武天皇以前に六十三代、千八百九十年の時間があり、それに神武天皇以後の二千五百年または二千年を加えれば、天皇の発生はちょうど縄文中期、その最盛期にあたることになる」

林房雄は本書の取材行で信州各地の尖石縄文遺跡、井戸尻遺跡などを見学している。

しかしながら当時（取材は昭和四十年代前半）には三内丸山も是川縄文遺跡も薩摩の上野原遺跡も発掘が本格化していなかった。日本の考古学はまだ胎動期であった。

縄文以前、日本には四万年前から旧石器人が生活していた事実は近年の考古学の発達で客観的、科学的に証明された。それまで歴史学者が否定してきた旧石器時代の存在も北関東で「岩宿遺跡」が発見され裏付けられた。

昨今の日本の縄文ブームをみていると、そこに国風の復活を求める日本人の精神の営みがある。林房雄の本能的直感は正しかったのである。

夥しい遺跡や古墳から発掘された祭器、神殿の建立スタイルからも窺うことが出来るが、古代の記録類を逆算する方法からも縄文時代中期には農作が普及し、縄文後期には稲作も本格化していた。太陽信仰と農耕は天皇家の儀式の中枢にあり、現代でも五穀豊穣を祈る新嘗祭は厳かに開催されている。

縄文人が日本人のルーツであることは近代医学の発達とＤＮＡ鑑定でも証明済みであり、むしろ昨今は国際的な注目が縄文に集まるようになった。

たとえばレヴィ・ストロースは縄文土器を見て独自の文明の芸術と絶賛し、あるいは岡本太郎が縄文土偶に刺戟をうけて「太陽の塔」を製作したように。

外圧に押されるかたちで日本の考古学は急発展した。令和二（二〇二〇）年現在、全国各地の縄文、弥生、古墳時代の遺跡の発掘作業は百箇所以上で行われており、じつに七千人もの人々が作業に投入されているほどに日本は「考古学大国」となっている。

産経新聞取材班が神武天皇の東征の事蹟跡を克明にたどり、各地に神武天皇御斎所跡などが確認された。すなわち縄文時代と弥生時代は折り重なっていて峻別できないほどに機器や農耕技術は重なり合っている。縄文人を弥生人は同化したのだ。

縄文時代、集落の全員がお互いに助け合い、徹底的に面倒を見合った。

縄文集落の代表例である三内丸山遺跡では三十人ほどが一つの屋根の下で一緒に暮らした竪穴住居が再現されている。その建築技術の見事さには誰もが舌を巻くだろう。共同作業で分担し合い、木材の伐採、調達、運搬から、資材の組み立て、わらぶき屋根、部屋の中の祭壇つくりまで全員参加のコミュニティがあった。だからお祭りが尊重され、祭祀が恒常的に営まれ、精神の紐帯が強固だった。

三内丸山遺蹟の規模は五百人前後だったと推定され、集落にはまとめ役の長（おさ）がいて、春夏秋冬の季節に敏感であり、様々な作業を分担し合い、クリ拾い、小豆の栽培、狩猟、漁労はチームを組んだ。各々の分担が決められ、女たちは機織り、料理、壷つくり、食糧貯蔵の準備、そして交易に出かける斑も、丸木舟にのって遠く越後まで、黒曜石や翡翠を求めて旅した。

縄文の社会には「保険」もなく、医者もおらず、幼児死亡率は高かったが、適者生存がダーウィンの言う人間社会、動物社会の原則であり、むしろこの大原則を忘れた現代人のような、偽善の平和、ばかしあい、生命装置だけの延命、植物人間だらけの病人という末期的文明の生態はあり得なかった。

だからこそ人間に情操が豊かに育まれ、詩が生まれ、物語が語り継がれたのだ。

ましてや待機児童とか、老老介護、生涯独身、孤独死などとはほど遠い、理想的な助け合いコミュニティが存在し、平和が長く続いた。縄文時代の一万数千年間、日本では大規模な戦争はなく、その証(あか)しは集落跡から発見された人骨から、刀傷など戦争の傷跡はなく、障害者の人骨も出てきたため集落全体が福祉のシステムであって、面倒を見合っていたことが分かる。

農耕民族と狩猟民族の血で地を洗う戦闘はなかった。集落遺蹟にそうした痕跡がないからである。それゆえ争いごとを好まない日本人のコアパーソナリティは、縄文中期の天皇の原型の誕生とともに深く根付いてきたのである。

それゆえに本書の復活は、日本史の謎の究明にいどむ一方で、戦後の歪(いびつ)な偏向歴史教育の是正にも繋がり、様々な文脈において意義が深いと言える。

本書は、一九七一年に光文社から刊行された『神武天皇実在論』を、再編集したうえで復刊したものです。

本書には、現在では不適切とされる表現および語句が一部見られますが、発表時の社会状況を考慮し、また著者が既に故人であるため、明らかな誤字、誤記を除いては、底本の表現のままとしました。読者の皆様には、ご理解いただけますようお願い申し上げます。（編集部）

◆著者◆
林 房雄（はやし　ふさお）

明治36（1903）年、大分県生まれ。

東大法学部政治学科中退。プロレタリア文学運動で活躍したが、昭和11（1936）年、転向して『青年』、『西郷隆盛』などを発表。戦後の代表作に『息子の青春』、『文学的回想』など。

また昭和39（1964）年に刊行した『大東亜戦争肯定論』は大きな反響を呼んだ。

昭和50（1975）年、72歳で逝去。

神武天皇実在論

令和 2 年 6 月 5 日　第 1 刷発行

著　者　林 房雄
発行者　日高 裕明
発　行　株式会社ハート出版

〒171-0014 東京都豊島区池袋 3-9-23
TEL.03(3590)6077　FAX.03(3590)6078
ハート出版ホームページ　http://www.810.co.jp

定価はカバーに表示してあります。

ISBN978-4-8024-0097-8　C0021

印刷･製本／中央精版印刷株式会社

日本が危ない！一帯一路の罠

マスコミが報道しない中国の世界戦略

宮崎 正弘 著

ISBN978-4-8024-0073-2　本体 1500 円

[復刻版] 初等科国史

文部省 著　三浦小太郎 解説

ISBN978-4-8024-0084-8　本体 1800 円

[復刻版] 初等科修身 [中・高学年版]

文部省 著　矢作 直樹 解説

ISBN978-4-8024-0094-7　本体 1800 円

[復刻版] ヨイコドモ [初等科修身　低学年版]

文部省 著

ISBN978-4-8024-0095-4　本体 1600 円

[復刻版] 督戦隊

別院 一郎 著

ISBN978-4-8024-0083-1　本体 1800 円

[復刻版] 薄暮攻撃

松村 益二 著

ISBN978-4-8024-0082-4　本体 1500 円

近世日本は超大国だった

強く美しい日本の再生復活を阻む「三つの壁」

草間 洋一 著

ISBN978-4-8024-0091-6　本体 1500 円